林 权 学

江机生　韦贵红　张红霄　周训芳　著

中国林业出版社

图书在版编目(CIP)数据

林权学 / 江机生等著. —北京：中国林业出版社，2015.5
 ISBN 978-7-5038-7957-9

Ⅰ. ①林… Ⅱ. ①江… Ⅲ. ①林业 – 产权制度 – 研究 – 中国 Ⅳ. ①F326.22

中国版本图书馆 CIP 数据核字(2015)第 078238 号

出版	中国林业出版社(100009 北京西城区刘海胡同 7 号)
网址	http://lycb. forestry. gov. cn
E-mail	forestbook@163. com 电话 010-83143515
发行	中国林业出版社
印刷	北京北林印刷厂
版次	2015 年 4 月第 1 版
印次	2015 年 4 月第 1 次
开本	787mm×1092mm 1/16
印张	11
字数	234 千字
印数	1~3000 册
定价	50.00 元

序

　　党的十八大把建设生态文玥纳入中国特色社会主义事业"五位一体"总体布局，并作为党的重大行动纲领写入党章，这在世界政党发展史和执政史上还是第一次，这是我们党对世界文明发展的原创性重大贡献。建设生态文明，是关系人民福祉、关乎民族未来的长远大计，核心是树立尊重自然、顺应自然、保护自然的生态文明理念，实现人与自然和谐。为了实现林业推进生态文玥建设的总目标，完成改善生态改善民生的总任务，当前林业部门重点是通过抓改革、抓资源、抓科技、抓产业、抓民生、抓作风来履行好林业在生态文明建设中的六项职责、构建好六大体系的任务。

　　林权是林业改革和发展的基石，是林业工作的基础，是政策性、法律性、民生性、综合性很强的工作，是影响未来林业全局和建设水平的重要内容。但目前我国对林权的研究极为缺乏，所有林业院校没有相关课程，也没有专门的学者进行深入的研究，与林业长远发展极不相适应。随着社会主义市场经济体制的建立，林权管理的任务也越来越繁重，因此在当前设立"林权学"既是历史性突破，同时又与实践紧密结合，不仅对提升林权管理科学化水平具有决定性的作用，而且对整个林业改革发展都具有战略性的作用。

　　《林权学》的研究与出版，将会促进生态林业民生林业的贯彻与落实。该书在对林权进行深入研究的基础上，总结集体林权制度改革的经验，由四位具有实践经验、理论基础的专家和学者共同完成的。林权包括森林、林木、林地的所有权和使用权，是比较复杂的权利类型。该书共分为十二章，形成了比较完整的理论体系。环境公平理论、可持续发展理论、外部性理论、公共物品理论奠定了林权学的理论基础，也是生态文明制度的重要组成部分。该书研究的林地承包经营制度、林权流转制度、林权登记制度、林权评估制度、林权抵押担保制度、林权救济制度、林权利用制度，为形成归属清晰、权责明确、统一登记、监管有效的森林资源资产产权制度奠定了基础。该书关注最新的立法，将《集体林权制度改革档案管理办法》的相关规定运用到林权档案管理中，完善自然资源的管理制度。林权管理信息系统的内容，体现了林业现代化建设成果的应用与推广。通过对林权法律保护的研究，以期实现对森林资源的有效保护。

本书作者结合我国林业工作实际，对林权的基本理论、原则和方法进行了探讨，比较系统地阐述了有关林权的各方面知识，具有较强的针对性和应用性。它不仅是各级林业行政机关、特别是林权管理人员必备的工具书，同时对公民、法人、有关司法单位、林业院校师生及其他组织也有较大参考价值。

林权是一项复杂的权利，随着时代的发展，权利的范围也在不断地变化，对于林权的研究任重而道远。本书的出版无疑是一个良好的开端，希望该书能够抛砖引玉，促进学术研究，让更多的人关注自然资源产权制度，希望热心支持林权学的同志，多提宝贵意见，使其更趋成熟，更好地为生态林业、民生林业服务。

厉以宁

2014.11.16

于北京大学光华管理学院

目　　录

序

第一章　林权学的基础理论

第一节　环境公平理论

国家建立林权法律制度的目的，是为了正确处理国家、集体与公民个人之间在森林资源保护、经营管理和可持续利用活动中发生的权利义务关系，并保障森林资源的可持续发展，为未来世代的发展提供生态环境基础。森林资源是陆地上最重要的环境资源，其总价值可以分为两大类：利用价值和非利用价值。森林资源的利用价值意味着一种森林产品或者森林生态服务满足人们需要或者喜好的能力。它可以被进一步分为直接利用价值（例如采伐森林、非消耗性的野营、徒步旅行、观鸟等）和间接利用价值（例如保持水土、稳定气候等）。非利用价值包括遗产价值（例如保持森林为未来世代娱乐休闲之用）、生物价值（例如保存基因库）和选择价值（例如将来的娱乐休闲）等。如何公平分配森林资源权利，满足当今和未来世代的人类对森林资源的各种需要，实现环境公平，是林权学面临的基本任务。因此，环境公平理论应当成为林权学的基础理论。

一、环境公平的理想与现实

在当今世界各国的环境资源法的制度设计上，或多或少地体现了环境公平的理念。但直到目前为止，还没有一个国家的环境资源法描绘出了环境公平的全貌。

传统的法学理论在环境公平问题上一般只论及代内公平，并未触及代际公平。以追求可持续发展为理论目标的法学理论，是建立在代内公平和代际公平的基础之上的，在关注代内公平的同时，也关注当今世代与未来世代之间的代际公平问题。绝大多数学者从时间、空间和内容上对环境公平进行分类：从时间的角度，将环境公平分为代内环境公平和代际环境公平；从空间的角度，将环境公平分为国内环境公平和国际环境公平；从环境公平的内容的角度，将环境公平分为环境权利公平和环境矫正公平。[①]这一分类可以被看作是学术界的主流观点。

通常意义上，从环境资源法的角度讨论环境公平，一般是指人类在环境资源开发

---

① 夏光，陈赛. 保障环境公平应当基于哪儿[N]. 中国环境报，2005 - 3 - 8.

利用方面的公平问题。在环境资源开发利用方面，要求做到人人平等，平等地享有环境权利，平等地负担环境义务。任何人在从事可能对环境造成不利影响的活动时，无一例外地负有避免环境损害和保护环境的义务。人人都有享受良好环境的权利，并且，当这种良好环境权受到侵害时，能够得到法律上的救济；人人都负有环境义务（从代际公平的角度讲，包括保障未来世代人类的环境权的义务），任何违反环境义务的行为都将被追究法律责任。从这个意义上来说，保障环境公平的制度设计，需要建立起一个由实体权利和程序权利组成的环境权利体系。这一体系中的基本环境权利包括（但不限于）良好环境权、环境资源开发利用权、环境知情权、公众参与环境决策权、在实体环境权利受到侵害时的获得司法救济权、环境公益诉讼权等。

　　在我国《森林法》中，林权是森林资源开发利用权的物权表达方式。在充分考虑林地承载能力的基础上，持续不断地提供充足而可靠的林产品、公共产品以满足社会需求，是《森林法》设定的林业可持续发展的一个主要目标。林业可持续发展这一概念本身就包含了环境公平的含义，包括当今世代与未来世代人类之间的代际公平和当今世代人类之间的代内公平。代际公平是指为人类的后代保护森林资源，保护他们从森林资源利用中获得收益的权利和机会。在传统法学理论中，一般还难以找到实现对未来世代人类的森林资源平等利用权的实际而有效的保护手段。代内公平是指森林资源利用和林业活动的收益在国家之间、区域之间和社会集团之间公正而平等的分配。那些导致生态环境退化从而使未来生产成本和环境治理成本增加的林业生产系统，损害其他国家、地区和社会集团利益的林业系统，都是不可持续的林业系统，是《森林法》所应当禁止的。美国环境法学者魏伊丝女士认为，"世代间公平理论的核心，是各世代人在利用地球的自然和文化资源这些共同遗产的时候，同其他世代人也即过去和将来的世代人所特有的内在关系问题。这一理论的出发点是：各世代既是自然和文化遗产的管理人，同时又是利用人"①。因此，在森林立法中，代际公平和代内公平往往是一对矛盾，实现代内公平可能会损害后代人的权利和机会。这是目前《森林法》修改过程中应该加以解决的问题。

　　在现实生活中，我们究竟如何处理好森林资源可持续利用活动中的代内公平与代际公平的关系？我们能否以及通过何种途径同时解决森林资源利用的代内公平与代际公平问题？似乎还没有人找到一个两全其美的满意答案。在大多数情形下，环境公平（尤其是代际公平）仍然只是停留在理念和理想层次上。

　　从现有的立法来看，环境公平一般是指代内公平；当涉及经济社会的可持续发展时，存在两种可能性：一种可能性是，环境公平既包括了代内公平，也包括了代际公平；另一种可能性是，环境公平主要是指代内公平，但也兼顾代际公平。在中国的立法实践中，体现代内公平的观点明显占了上风，《森林法》也不例外。遍观当今中国的

---

①　爱蒂丝·布朗·魏伊丝. 公平地对待未来人类：国际法、共同遗产与世代间衡平［M］. 汪劲，于方，王鑫海译. 北京：法律出版社，2000：21.

环境资源立法，还没有哪一部法律明显地表达了代际公平的理念。只是在新近制定的少数法律当中，当涉及自然资源的可持续利用时，可能在某些条款当中暗含了代际公平理念。

即使在代内公平问题上，当今中国仍然有许许多多的问题没有得到解决。例如，东部和西部的区域环境公平问题，对森林资源开发利用的禁止、限制与森林生态效益补偿问题，农村实行家庭承包经营的集体林的物权保护问题，等等。在生态环境保护实践中，林业主管部门往往从行政管理的角度去考虑森林资源保护，而很少顾及环境公平问题。因此，如果进一步考虑代际公平问题，那将会面临更多的制度难题。

二、代内公平

《森林法》所体现的代际公平，一般可以通过保护森林资源来实现。森林资源保护好了，生态环境自然也就保护好了，就既能保障当今世代人类的良好环境权，又能保障未来世代人类对森林资源的可持续利用，从而也就为实现未来世代人类的环境公平奠定森林资源基础。代内公平所面临的首要的和基本的问题，是如何解决农村弱势群体的生存条件问题，即如何保障农民基于生存需要的森林资源开发利用权。实现代内环境公平所带来的直接的结果，就是确保公民中的弱势群体基于生存需要的森林资源开发利用权不受到侵犯，具体来说，就是对农民的林地承包经营权和林木所有权的物权保护。如果农民的基本生存需要得到了满足，那就可以为森林资源保护和实现环境公平奠定物质基础。从这个意义上说，代内公平是代际公平的基础。

代内环境公平意义上的森林资源开发利用权，与建立在传统公平观基础上的森林资源开发利用权具有显著的差别。代内环境公平意义上的森林资源开发利用权，是农民基于生存需要的森林资源开发利用权。作为林权的核心内容之一，它是指农业社会中的弱势群体为了满足其生存需要而对森林资源的财产权利以及从事与森林资源有关的财产性活动的权利，包括（但不限于）林地资源开发利用权、植物采集权、采药权、伐木权、森林旅游资源开发利用权等。《农村土地承包法》已经考虑到了农民的基于生存需要的森林资源开发利用权优先于一般的土地经济权利的法律地位。集体林权制度改革方案按照"均山、均权、均利"的原则考虑到了代内环境公平。《森林法》、《土地管理法》、《农村土地承包法》等环境资源法律还需要进一步将农业社会中的弱势群体的土地承包经营权从一般意义上的土地承包经营权中剥离出来，使其成为一项独立的环境权利。当全社会出于保护生态环境的目的而需要限制农民的基于生存需要的森林资源开发利用权时，政府必须代表全社会向这部分处于弱势地位的农民支付足额的森林生态效益补偿，以保障他们的基本生存需要。我国农业社会中的弱势群体的生存条件问题的解决，有赖于《森林法》、《土地管理法》、《农村土地承包法》对于基于生存需要的森林资源开发利用权的制度设计。

从理论上来说，每一个人都应当享有基于生存需要的森林资源开发利用权。因为人类的每一个个体都享有生存权，都需要依赖自然资源维持其生存。但是，只要经过简单的观察，我们就可发现，在现实生活中，一些人实际所享有的森林资源开发利用权，已经远远地超出了满足其生存需要的水平。而另外一些人的基本生存需要尚未得到满足，他们正面临着严重的生存问题。如果法律不给予他们以足够的关注，他们的生存权就无从得到保障。传统的民法、经济法制度没有去关注这一问题，而且，根据民法、经济法的规则，也不能解决这一问题。因此，这一问题实际上只能依靠森林法来解决。

《物权法》对自然资源物权已经作出了一般性的规定，其中，作为物权的林权，已经形成了一个比较完整的林权体系，具体包括了国家森林、林木、林地所有权和使用权，集体森林、林木、林地所有权和使用权，个人林木所有权和林地承包经营权，等等。因此，《森林法》并不需要去全面规定森林资源开发利用权。《森林法》所需要特别关注的，是在《物权法》的一般性规定的基础上，如何将当今世代人类中的弱势群体对森林资源的开发利用权从《物权法》规定的自然资源物权中分离出来，使其成为一项独立的《森林法》上的权利。因此，从林权设计的公平性的角度来说，《森林法》应当严格区分家庭承包方式的林地承包经营权与其他方式的林地承包经营权。

在当今时代，完全依赖自然资源谋生的弱势群体还随处可见。例如，我国农村的土地属于集体所有，任何个人只能依法占有，而不能获得所有权。因此，对土地的开发利用权，对农民是至关重要的权利。民法学者孟勤国先生曾经说过一段十分精辟的话，切中了代内公平的要害："土地是农民就业和养老的基本物质资料，在中国的社会保障体系还无法容纳庞大的农民人口的条件下，土地是农民基本的生活条件。人人都有生存的权利，因此，任何农民都有权承包一份土地，生存权决定了家庭承包必须以人人有份为原则。有人认为农户是无偿取得土地承包，这十分错误。农户也支付了对价，只不过这种对价表现为一般情况下不要求社会提供生老病死的社会保障。放弃而且也是不得不放弃社会保障的权利所换得的土地承包经营权，其价值是可以量化的，即承包土地能提供给农户的基本生活所需的价值。当土地流转使农民失去土地承包经营权时，农户首先必须得到与生存保障利益相称的土地收益，才为公平。"①土地承包经营包括了林地的承包经营。如果我们出于保护生态环境的目的而限制农民对森林资源的开发利用权，则需要在森林法中建立一整套与民法、经济法、行政法不同的法律规则，由全社会（经由政府）通过森林生态效益补偿途径来补偿因为限制农民林权而给农民带来的损失，以解决农民的基本生存问题。这个时候，森林法律需要作出与一般的民事、经济权利不同的制度设计，不是按照民法、经济法的规则去要求农民在开发利用森林资源的同时履行对等的环境保护责任和法律义务，或者由包括农民自己在内的全体社会成员分摊环境义务，而是在维护农民基本生存需要和保障环境公平的基础上，将基于生存需要的森林资源开发利用权赋予农民。当全社会出于保护生态环境的

① 孟勤国．物权二元结构论——中国物权制度的理论重构［M］．北京：人民法院出版社，2002，241．

目的而需要限制农民基于生存需要的森林资源开发利用权时，政府必须代表全社会向处于弱势群体的那部分农民支付生态效益补偿，以满足他们的基本生存需要。

基于生存需要的森林资源开发利用权的显性主体是当今世代的公民，其隐性主体是未来世代的人类。换句话说，只有保障当今世代的公民的生存，才有可能保障未来世代的公民的生存。人类的延续，肯定是当今条件下的延续。当今社会问题的解决，是人类延续的先决条件。

其实，法律已经触及到了农民的基于生存需要的森林资源开发利用权。例如，在农村环境保护领域，《农业法》第十六条的规定，以列举国家的一系列环境义务的方式，隐含了国家环境义务所保障的农村公民的基于生存需要的自然资源开发利用权。《农业法》规定的国家的环境义务包括：国家引导和支持农民结合本地实际，按照市场需求调整和优化农业生产结构，协调发展种植业、林业、畜牧业和渔业，发展优质、高产、高效益的农业，提高农产品国际竞争力；加强林业生态建设，实施天然林资源保护、退耕还林和防沙治沙工程，加强防护林体系建设，加速营造速生丰产林、工业原料林和薪炭林，等等。县级以上人民政府还应当制定政策，安排资金，引导和支持农业结构调整。政府履行上述环境义务的当然结果，就是保障了农民的基于生存需要的森林资源开发利用权。

2002 年 12 月修订的《农业法》增加的"农民权益保护"一章，强调保护农民对承包土地的使用权，要求各级政府和有关部门采取措施增加农民收入，切实减轻农民负担，实行农村财务公开制度，并明确了保护农民权益的行政和司法救济措施等。其中，第七十一条规定，国家依法征用农民集体所有的土地，应当保护农民和农村集体经济组织的合法权益，依法给予农民和农村集体经济组织征地补偿，任何单位和个人不得截留、挪用征地补偿费用；第七十二条规定，各级人民政府、农村集体经济组织或者村民委员会在农业和农村经济结构调整、农业产业化经营和土地承包经营权流转等过程中，不得侵犯农民的土地承包经营权，不得干涉农民自主安排的生产经营项目，不得强迫农民购买指定的生产资料或者按指定的渠道销售农产品。这实际上已经比较明确地体现了对农民的基于生存需要的森林资源开发利用权的保护问题。

另外，依据《农村土地承包法》第十五条的规定，家庭承包的承包方是本集体经济组织的农户。以其他方式承包土地的承包方是本集体经济组织以外的单位或者个人的，依据《农村土地承包法》第四十八条的规定，应当事先经本集体经济组织成员的村民会议三分之二以上成员或者三分之二以上村民代表的同意，并报乡（镇）人民政府批准。并且，依据《农村土地承包法》第四十七条的规定，在同等条件下，本集体经济组织成员对本集体经济组织所有的土地和国家所有依法由本集体经济组织使用的土地，享有优先承包权。值得肯定的是，这一规定已经考虑到了农民的基于生存需要的自然资源开发利用权优先于一般的土地经济权利的法律地位。但遗憾的是，这部法律并没有进一步明确一般意义上的土地承包经营权与本地居民的土地承包经营权的区别，并为一般意义上的土地承包经营权设立对等的环境负担和义务，而对基于生存需要的土地承包经营权提供充分的权利保障以及由政府来充当环境义务的承担者，使这一类权利从民事经济权利中剥离出来，成为一种独立的权利。

这个遗憾必须由《森林法》来弥补。《森林法》应当在《农村土地承包法》的基础上，从森林资源的公共性、公益性和共享性的角度，进一步将集体林地的承包经营权分为两类：一类是基于经济目的而设的林地承包经营权（适用于吸引投资），一类是基于生存目的而设的林地承包经营权（适用于保障生存条件）。前者作为一般意义上的森林资源开发利用权，其权利义务关系具有对应性和对等性，即权利人应该尽相应的义务才能获得权利；后者作为生存权，即作为弱势群体的农村集体经济组织成员的林地承包经营权，权利人应当享有完整的物权权利，无需或者不能尽相应的限制林权行使的生态环境保护义务，而另外设定政府为生态环境保护的义务人，当政府出于生态环境保护需要而对农民的林权行使进行限制时，政府应当对农民履行充分的森林生态效益补偿义务，以保障弱势群体的财产权利。解决农民基于生存需要的森林自然资源开发利用权，是实现环境公平的逻辑起点。只有保障了代内公平，才有可能谈论代际公平。

三、代际公平

代际公平，又称世代间公平，其英文表述为 Intergenerational Equity。这里的"代"，一般把当今世代活着的人总称为一代，即 Present Generation，而不是用 25～30 年作为一代来计算；把未来世代称为 Future Generations；而过去世代，即 the Ancients，由于自然资源和环境已经对他们失去了现实意义，无需"衡平"。因此，所谓世代间衡平，指的是在环境资源问题上衡平当今世代与未来世代的利益。

代际公平理论是一个和可持续发展理论相关的理论。提出"稳态经济理论"的美国著名的经济学家赫尔曼·E·戴利（Herman E. Daly）所说的下面这句话可以很形象地说明代际公平理论与可持续发展理论的关系："布伦特兰定义告诉我们的仅仅是可持续发展意味着发展不能使未来遭到贫困。"①

在"可持续发展"理论的基础上，美国乔治敦大学法律中心的魏伊丝（Edith Brown Weiss）教授从国际法的角度总结出了一套代际公平的理论。这一理论，集中地体现在她所精心撰写的、由联合国大学出版社 1989 年出版的《公平地对待未来人类：国际法、共同遗产与世代间衡平》一书中。

魏伊丝提出的世代间公平的理论，与伊斯兰教关于人和自然的关系的观念、基督教传统、普通法的公共信托理论、马克思主义、非洲习惯法等有着深刻的渊源。阿拉伯国家比较容易注重人类整体的环境权的保护，因为关注集体的利益本来就是伊斯兰教的传统。各种宗教往往也都体现了古老的道德传统，都具有强调和注重义务的共性。

① ［美］赫尔曼·E·戴利. 超越增长：可持续发展的经济学［M］. 诸大建，胡圣，等，译. 上海：上海译文出版社，2001：3.

在马克思主义学说中，也十分强调集体主义、奉献精神和自我牺牲精神，社会主义公有制也证明了这一点。这些价值，正好可以用来解决当今世代与未来世代人类的利益关系问题。魏伊丝的学说，正好证明了西方国家的环境权的发展趋势在向古老的东方传统靠拢。魏伊丝构建的代际公平学说，建立在地球以及地球上的自然资源不是任何活着的人和任何人类组织自己的这一基本假定的基础上，带有比较浓厚的乌托邦色彩和宗教色彩。

魏伊丝认为，"作为一个物种，我们和当今世代其他成员以及过去和将来世代的成员一道，共同拥有地球的自然和文化环境。在任何特定时期，各世代人既是未来世代地球的管理人和受托人，同时也是地球所有成果的受益人。这赋予了我们保护地球的义务，同时给予我们某些利用地球的权利。"①她的世代间公平理论的核心，是各世代人在利用地球的自然和文化资源这些共同遗产的时候，同其他世代人也即过去和将来的世代人所特有的内在关系问题。这一理论的出发点是：各世代既是自然和文化共同遗产的管理人，同时也是利用人。作为地球的管理人，我们可以制定法律上能够强制执行的行为规范，规定对未来世代人所负有的伦理上的义务。我们的祖先对我们负有这样的义务。作为过去世代人遗产的受益人，我们继承了某些享用这一遗产成果的权利，未来世代人同样有这样的权利。②地球财产管理人的目的是为所有世代而维持福利和幸福，这一目的具有三个方面的含义：第一，使地球的生命维持体系得以持续；第二，使人类生存所必要的生态学流程、环境质量以及文化的资源得以持续；第三，使健全、舒适的人类环境得以持续。

为了说明到底什么是世代间的公平，魏伊丝列举了两种极端的观点。一种是保护主义模式，即当代人什么也不消费，为未来世代保存全部资源，并使环境的任何方面都维持同样的水平。从森林资源保护的角度来看，这意味着绝对保护，即当今世代的人类不消耗森林资源，林权权利人不行使其财产权利。她认为保护模式是与工业化社会相矛盾的。一种是富裕模式，认为是否存在将来的世代现在还没有完全的确证，或者是今天的最大化消费是为未来世代富裕的最大化的最好的方法，因此当今世代类消费欲望的所有，都能够产生更多的富裕。从森林资源开发利用的角度来看，这意味着，森林资源消耗得越多，产生的财富就越多，林权权利人就越富裕。她认为富裕模式没有看到地球将来所可能发生的长期的恶化。由此，她提出了所有世代间通过建立"伙伴关系"来处理世代间的公平关系的方案。基于这种伙伴关系，人类社会的目的是实现、保护所有世代的福利和幸福，这样就有必要让地球的生命维持体系、生态学的流程、环境条件、人类生存和幸福的重要文化资源、健康舒适的人类环境等继续维持下去。世代间的最低限度的公平，是对所有的世代给予最低的标准，保证各世代至少享

---

① 爱蒂丝·布朗·魏伊丝. 公平地对待未来人类：国际法、共同遗产与世代间衡平[M]. 汪劲，于方，王鑫海，译. 北京：法律出版社，2000：16–17.
② 爱蒂丝·布朗·魏伊丝. 公平地对待未来人类：国际法、共同遗产与世代间衡平[M]. 汪劲，于方，王鑫海，译. 北京：法律出版社，2000：21.

有与其先祖所相同水平的地球资源的基础。

至于国家维护世代间公平的义务，魏伊丝主张将所有的国家作为一个与国籍无关的集团，对未来世代负有世代间的义务。为了解决穷国的义务能力的问题，魏伊丝主张在世代内的层面上，要求那些从保护一般的地球环境过程中得到好处的富国与社会，承担贫困的国家和社会在保护这种资源时所负担的费用，帮助他们获得经济上的好处，保护他们不因环境质量恶化而受到不利影响。

魏伊丝的理论构想，主要是从道德方面设计的。与其说这是一种法学理论，还不如说这是一种伦理学说。因为，它只能停留在对未来世代人类的道德关怀层面，离现实的法律制度还过于遥远。正如普林斯顿大学教授 Richard Falk 先生在魏伊丝著作的英文版序言中所说的，魏伊丝著作可谓"为未来世代选民精心起草的一份法律纲要"。

四、政府保障环境公平的职责

在人类社会中，只有政府是唯一具有协调自然界与人类社会相互影响、相互制约关系的能力的主体。处在高度组织化、社会化、技术化社会中的人类，无论是作为个体还是整体，都已经不能不通过政府来协调人与人以及人与自然的关系。因此，森林资源保护与利用问题的解决以及环境公平的实现，只有通过政府整合全社会的资源和力量并进行符合森林资源消长的自然规律的制度安排，才能使人与森林资源的关系处于一种和谐状态之中，既有利于森林生态系统的健康发展，又有利于人类社会自身的发展，从而既保障代内公平，又使得代际公平的实现成为可能。

从代内公平的角度来看，森林资源的保护与利用体现为一种公民与国家之间的权利义务关系，具体内容就是公民的林权和国家的生态环境保护职责。森林资源的保护与利用关系其实并不是通常意义上所理解的平等的公民之间的权利义务关系，而是存在于公民与国家之间的一种权利义务关系。在这种关系当中，公民是权利人，国家是义务人。享有权利的人既无法通过自己的努力，也无法利用现有的法律程序去获得和维护自己的森林资源权利，因此，国家必须通过制定特殊的法律规则保障林权权利人的财产权利。

当我们一旦考虑代际公平时，实际上已经背离了法律传统，违背了法律共同体所公认和所运用的法律常识。但是，谁都知道，在环境保护中，代际公平是多么重要，我们无法不去顾及。因此，我们需要修正自己所熟知的法律知识，通过新的制度设计去面对和解决这一难题。从代际公平的角度设计当今世代对未来世代的环境义务，实际上是由政府去承担环境保护职责，即意味着代际环境公平的实现要依靠全社会买单。从森林资源保护的角度来看，政府代表全社会为环境公平买单的实质，就是全体社会成员并不分摊森林资源保护义务，而根据各自的能力大小为森林资源保护尽心尽力。这是问题的关键所在。代际公平实际上无法体现在传统的法律现实中，在以权利义务的对等性和一致性理念为核心构建起来的林权利益格局和市场关系中，人类社会的每一个成员不可能都自觉自愿地为实现环境公平而努力。因此，将维系代际公平的成本由政府代替全民支付，就变得比较可能了。这也是由政府从其财政收入中统一支付森林生态效益补偿金的主要理论依据。

第二节 可持续发展理论

一、可持续发展理论的产生

在我国，可持续发展的思想源远流长，在古文献中被表述为"永续利用"。早在两千多年前的春秋战国时期，孔子、孟子、荀子等思想家就有保护正在怀孕和产卵的鸟兽鱼鳖以利"永续利用"的思想，部分诸侯国也颁布了封山育林定期开禁的法令。而西方的一些经济学家如马尔萨斯（Malthus）、李嘉图（Ricardo）和穆勒（Mill）等的著作中也较早认识到人类消费的物质限制，即人类的经济活动范围存在着生态边界。

进入 20 世纪以后尤其是第二次世界大战以来，人类文明空前发展。然而，随之而来的环境危机使人们逐步意识到环境问题就是文明问题。[①] 并且，环境问题产生的根源在于人类受"征服自然、改造自然'思想的驱使而对环境资源进行毫无节制地开发利用，以及随后大肆的废物排放。全球环境与发展问题的急剧恶化，从根本上动摇了传统经济社会发展模式的合理性，迫使世界各国不得不寻求一种更为健康、合理的新型发展思路。可持续发展观正是人类反思工业文明、重新认识自然规律和积极探索经济发展与资源环境和谐共生之路的产物。

1972 年，罗马俱乐部发表了关于世界趋势的研究报告《增长的极限》。该报告认为，如果目前的人口与资本的快速增长模式继续下去，世界将会面临一场"灾难性的崩溃"。[②]避免出现这种前景的最好方法是"零增长"。该报告的发表引起了世界性的反响，并引发了"是停止增长，还是继续发展"的争论，其中的观点一度成为当时的环境保护运动的主要理由和根据。由于该报告用词激烈，过分夸大了人口爆炸、粮食和能源短缺、环境污染等问题的严重性，而"零增长"的方案在现实中也难以推行，故对其批评与否定的意见很多。而一些乐观主义者则认为科学的进步和对资源利用效率的提高，将有助于克服这些困难。典型的乐观派著作有朱利安·L·西蒙（Julian. L. Simon）的《没有极限的增长》（即《最后的资源》，1981 年出版）、《资源丰富的地球》（1984 年出版）和赫尔曼·卡恩的《今后二百年》（1976 年出版）。他们认为生产的不断增长能为进一步的生产提供潜力，地球上有足够的土地和资源供经济不断发展之需。只有新的技术和资本能够增加生产，保护并改善环境。虽然目前人口、资源和环境的发展趋势给技

---

① ［日］岸根卓郎. 环境论——人最终的选择[M]. 何鉴，译. 南京：南京大学出版社，1999：19.
② ［美］D·梅多斯，等. 增长的极限[M]. 于树生，译. 北京：商务印书馆，1984：64.

术、工业和经济增长带来一些问题，但人类能力的发展是无限的，因此这些问题不是不能解决的。世界的发展趋势是在不断改善而不是逐渐变坏。[①] 该理论主张的科学进步和对资源利用效率的提高，对人类社会发展虽具有一定意义，但现实当中环境悲剧的屡屡发生，证明一定历史条件下，资源是有限的，环境负荷也是有限的。

为了寻求一种建立在环境和自然资源可承受基础上的长期发展模式，人们进行了不懈的探索。1972 年 6 月，联合国在斯德哥尔摩召开了第一次世界环境大会，会上通过了《人类环境宣言》，发出了人类"只有一个地球"、全世界资源和环境已陷入危机的警告。这次大会还成立了由挪威首相布伦特兰夫人为首的"世界环境与发展委员会"，对世界面临的环境问题及应采取的战略进行研究。1980 年，世界自然保护同盟（IU-CN）和世界野生生物基金会（WWF）共同制定了《世界自然保护大纲》（The World Conservation Strategy），其副标题是"为了可持续发展的生物资源保护"（Living Resource For Conservation Sustainable Development），这是"可持续发展"概念首次出现在国际文件中。1983 年 11 月，联合国成立了世界环境与发展委员会（WCED），挪威首相布伦特兰夫人（G. H. Brundland）任主席。联合国要求该组织以"持续发展"为基本纲领，制订"全球的变革日程"。1987 年，该委员会把长达 4 年研究、经过充分论证的报告《我们共同的未来》（Our Common Future）提交给联合国大会，正式提出了可持续发展的模式。该报告分为"共同的问题"、"共同的挑战"、"共同的努力"三大部分，对当前人类在经济发展和环境保护方面的问题进行了全面和系统的评价。该报告指出，过去我们关心的是发展对环境带来的影响，而现在我们则迫切地感到生态的压力，如土壤、水、大气、森林的退化对发展带来的影响。过去我们还感到国家之间在经济方面相互依赖的重要性，而现在我们则感到国家之间在生态方面相互依赖的重要性，生态与经济从来没有像现在这样紧密地联系在一个互为因果的网络之中。

1992 年 6 月，在巴西里约热内卢召开的联合国环境与发展大会上，可持续发展被世界各国广泛接受，成为指导经济社会发展的总体战略。

森林资源是人类社会实现可持续发展的生态环境基础。森林资源保护对于可持续发展的贡献，格外受到重视。因此，研究林权，自然离不开可持续发展理论的指导。

二、可持续发展的内涵

（一）发展的含义

经济学家一般把"发展"定义为"经济增长"，而社会学家则把它定义为"社会进步"。"经济增长"是狭义的发展，指的是经济领域的活动，其目标是产值和利润的增长，物质财富的增加。针对联合国"第一个发展十年（1960～1970）"中的发展，当时联

---

① 刘东辉. 从"增长的极限"到"持续发展"［A］. // 可持续发展之路［M］. 北京：北京大学出版社，1994：33.

合国秘书长吴丹将其概括为：发展 = 经济增长 + 社会变革。[①]这反映了第二次世界大战后近 20 年期间国际社会对于发展的理解和认识。在这种发展观的支配下，人们采取以损害环境为代价来换取经济增长的发展模式，结果导致全球环境问题的蔓延。

有鉴于此，人们逐步意识到发展并非是单纯的经济增长。它是一个更为广泛的概念，它不仅表现在经济的增长，国民生产总值的提高，人民生活水平的改善；它还表现在文学、艺术、科学的昌盛，道德水平的提高，社会秩序的和谐等。经济增长只是发展的一部分。低收入国家急需经济增长来促进生活质量的改善，但这不是全部目的，也不可能无限地持续下去。发展只有在使人们生活的所有方面都得到改善时才能被承认是真正的发展。

发展受到诸多因素的制约，其中生态因素的限制是最基本的。发展必须以保护自然为基础，它必须保护全球生态系统的结构、功能和多样性。为了更有效地满足人类的需求，发展既是必要的，又必须立足于自然界的可再生资源能够无限期满足我们当代人和后代人的需求以及对不可再生资源的谨慎节约地使用。

（二）可持续的含义

可持续的概念本来就是起源于人们对森林、渔业等可更新资源利用的认识，并将这一认识延伸到整个生态系统，从而发展出现代的可持续概念。可持续与利用、发展、经济等组合，可形成"可持续利用"、"可持续发展"、"可持续经济"等概念。

可持续的最基本的、必不可少的情况是保持森林等自然资源总量存量不变或比现有的水平更高。我们可以把可持续比作一个能够产生利息的银行账户或一种能够产生利润的投资。如果我们只靠利息而不靠本金生活，那么，未来将是安全的；但如果我们靠本金生活，那么，在未来的某一天，就会把它全部用光。[②]一般来说，可持续应当满足以下条件：①使用可再生资源的速度不超过其再生速度；②使用不可再生资源的速度不超过其可再生替代物的开发速度；③污染物的排放速度不超过环境的自净容量。

尽管在很大程度上，可持续是一种自然的状态或过程，但是不可持续性却往往是人类社会行为的结果。人的一切要求，归根结底也是社会的需求。人类是大自然的一部分，同时又要依靠和利用自然资源来提高自身的生活质量。因此，可持续并不否定人类自身的合理需求，它所要求的是这种需求应有一定限度，以保证人类同自然之间的平衡。

（三）可持续发展的内涵

由于可持续发展涉及人口、经济、资源、环境和社会的综合协同发展，以及不能脱离不同发展程度国家的客观发展状况而高谈阔论，因而从整体上看，可持续发展作为一个完整的理论体系还处在形成过程中，关于可持续发展的定义及可持续发展的本质内涵，迄今尚未有明确统一的认识。据统计，可持续发展自提出至今，其定义已多

---

① 肖枫."发展学"与"可持续发展"[N]. 光明日报，1996 – 6 – 13.
② 秦大河，张坤民，牛文元. 中国人口资源环境与可持续发展[M]. 北京：新华出版社，2002：123.

达百种。

关于可持续发展的概念，在全球范围内已引起广泛讨论，可谓众说纷纭。国际社会公认的定义是《我们共同的未来》一书中给出的可持续发展定义：既满足当代人的需求又不危及后代人满足其需求的发展。从这个定义可以看出，"可持续发展"所表述的乃是某种动态的过程、道路或途径，可持续发展是"一条新的发展道路，不是一条仅能在若干年内在若干地方支持人类的进步的道路，而是一直到遥远的未来都能支持全人类进步的道路。"①

可见，可持续发展是一种特别从环境和自然资源角度提出的关于人类长期发展的战略和模式，它不是一般意义上所指的一个发展进程要在时间上连续运行、不被中断，而是特别指出环境和自然资源长期承载能力对发展进程的重要性以及发展对改善生活质量的重要性。可持续发展概念从理论上结束了长期以来把经济增长同环境保护相互对立起来的错误观点，并明确指出它们应当是相互联系和互为因果的。②

（1）可持续发展不否定经济增长，但需要重新审视如何实现经济增长与环境保护的兼顾和统一。可持续发展要求既满足需要又实现限制，从这点来看，可持续发展概念中的"可持续"乃是对"发展"的限制性规定，明确这一点，乃是理解这个概念的内涵的关键。③传统的发展模式只追求经济增长以满足需要，缺乏限制和约束，从而导致环境问题的产生；发展而有限制和约束，才能实现发展的可持续性。

（2）可持续发展要求以自然资源为基础，同环境承载能力相协调。"可持续性"可以得以实现。要实现可持续发展，需要运用适当的经济手段、技术措施和政府干预，首要环节是推行循环经济，按照生态规律重构经济系统，将生态、设计、清洁生产及资源综合利用贯穿于物质产品的生产、消费及其废弃过程，把传统的资源消耗型线性经济转变为资源闭环流动型生态经济，从而使自然资源的耗竭速率低于资源的再生速率或替代品的开发速率，并使向环境排放的废弃物不超于环境的自净能力。

（3）可持续发展以提高人类生活质量为目标，同社会进步相适应。从空间上讲，这一目标具有全球性，不能因满足某一地区的利益需要而危害和削弱其他地区满足需要的能力；从时间上讲，这一目标具有延续性，不能因满足当代人的利益需要而对其后代人满足其需要的能力构成危害。值得注意的是，处于不同地区、不同发展水平和发展阶段的国家，其可持续发展的含义和侧重点有所不同，追求的具体目标也不一样。发展中国家、不发达国家自然会更关注于发展或强调重在发展；发达国家的可持续发展目标则更侧重于可持续，强调环境保护，以及由强调自己的可持续走向限制别国的发展。因此，如何使各国目标与整体目标相一致，真正建立"经济发展—环境优化—社会公正与稳定"的世界新秩序还任重而道远。

（4）可持续发展要求体现环境资源的价值。由于传统国民经济衡量指标 GDP 未能

① 世界环境与发展委员会. 我们共同的未来[M]. 王之佳，等，译. 长春：吉林人民出版社，1997：5.

② 张坤民. 可持续发展论[M]. 北京：中国环境科学出版社，1997：27.

③ 陈昌曙. 哲学视野中的可持续发展[M]. 北京：中国社会科学出版社，2000：45.

有效地反映经济增长所导致的环境污染和生态破坏损失，致使"资源与环境无价"的观念得不到彻底改变，在很大程度上助长了人们以粗放式经济发展模式去谋求暂时的、局部的经济利益。要改变这一现状，必须尽快改革传统的国民经济核算体系，建立"环境—资源"核算制度，从而更换经济活动"指挥棒"，使资源与环境因素能够参与和影响政策的制定。"环境—资源"核算旨在确定环境污染损失、自然资源损耗及环境保护费用支出，用现行 GDP 减去这三项数值，其结果便称之为绿色 GDP。[①]绿色 GDP 较好地反映了为达到一定国民生产总值而付出的资源与环境代价，它意味着自然资源消耗越少，环境污染越轻，绿色 GDP 数值就越大，政府的政绩和企业效益就越显著，必将促使他们摒弃传统经济发展模式，转而推行循环经济，把经济发展真正建立在合理利用自然资源和有效保护生态环境的基础上。

此外，可持续发展强调社会公正和人们积极参与自身发展决策。要逐步建立公众参与机制和程序，形成以群众举报制度、信访制度、听证制度、环境影响评价公众参与制度、新闻舆论监督制度等为主要内容的公众参与制度，使广大群众和社会团体能够通过稳定的渠道表达各自的认识和意见。[②]

三、可持续发展的特征

（一）持续性

人类的经济建设和社会发展不能超越自然资源与生态环境的承载能力，发展只有建立在生态环境持续能力、社会经济持续能力的基础之上，才有可能持续。可持续发展不仅要求人与人之间的公平，还需要顾及人与自然之间的协调发展。发达国家的工业化是以牺牲地球环境为巨大代价而实现的，在这一过程中所形成的以大量消耗自然资源为特征的生产方式和生活方式。可持续发展要求人们根据持续性特征调整自己的生产方式和生活方式，在生态系统的范围内调整自己的消耗标准，而不是过度生产和过度消费。同时，各国必须推行适当的人口政策以降低人口增长速度，减轻地球的人口负担。

（二）公平性

可持续发展只能建立在社会公平和人与人之间平等的基础上。公平指机会选择的平等性，可持续发展所追求的公平性原则，包括两个方面[③]：第一，代内公平，即代内的所有人，不论其国籍、种族、性别、经济发展水平和文化等方面的差异，对于利用自然资源和享受清洁、良好的环境享有平等的权利。第二，代际公平，即世代人之间的纵向公平性。人类赖以生存的自然资源是有限的，每一代人不能因自己的发展与需求而损害人类世世代代满足需求的条件，要给子孙后代保留公平利用自然资源的权

---

① 王树林，李静江．绿色 GDP——国民经济核算体系改革大趋势[M]．上海：东方出版社，1993：14.
② 韩德培，陈汉光．环境保护法教程[M]．北京：法律出版社，2003：95.
③ 王曦．国际环境法[M]．北京：法律出版社，1998：107.

利。

（三）协调性

可持续发展不仅涉及当代的人口、资源、环境与发展的协调，还涉及同后代人的人口、资源、环境与发展之间的矛盾冲突的协调。可持续发展也是一个涉及经济、社会、文化等的综合概念，可持续发展只能是经济、社会和环境的协调发展。可持续发展以自然资源的可持续利用和良好的生态环境为基础，以经济的可持续发展为前提，以谋求社会的全面进步为目标。可持续发展不仅是经济问题，也不仅是社会问题和生态问题，而是三者互相影响的综合体。可持续发展要求综合决策、统筹兼顾，将保护环境与经济、社会的发展有机结合起来。一方面，在制定经济和其他发展计划时切实考虑保护环境的需要，另一方面，在追求生态环境保护目标时充分考虑发展的需要。

（四）全球性

可持续发展问题不只是某些地区、某些国家、某些人的问题，可持续发展问题已经波及全球每一个角落、每一个民族、每一个国家和地区，成为人类社会共同面对的现实问题。如果世界上一部分国家和地区实施可持续发展战略，而另一些国家和地区依然走不可持续发展之路，那么，全球实现可持续发展的希望将是渺茫的，因为人类共同生存的地球和共同拥有的天空，是不可分割的整体。目前，诸如酸雨、臭氧层损耗、温室效应、生物多样性锐减、森林赤字之类的环境问题，其影响已呈现出明显的全球性。解决这些问题，需要国际社会全体成员的积极合作、共同努力。在这方面，发达国家由于拥有雄厚的经济实力和先进的环境保护技术，应当向发展中国家提供更多的资金和技术援助，以帮助其改变传统的发展模式，走可持续发展之路。没有发展中国家的可持续发展，发达国家的可持续发展进程将会是漫长而艰难的，并将进而影响全球可持续发展目标的实现。

（五）科技性

可持续发展的矛盾与对策自始至终与科学技术有关，造成现实的社会经济发展模式不可持续与科学技术相关，保证人类未来的可持续发展也关系到科学技术。可持续发展对策的探索，在很大程度上就是确认发展科学技术的战略。科学技术是一把双刃剑，既可以用来造福于人类，也可以用来毁灭人类。但是，科学技术给人类带来的灾难，责任主要不在于科学技术本身，而在于应用科学技术的人。因此，绿色科技最符合可持续发展的战略要求，发展绿色科技已成为当今世界的一股强大浪潮。绿色科技大致可分为两类：一类是保护绿色的科学技术，如防沙技术、预防病虫害技术、污水处理技术、固体废物无害化技术等；另一类主要是推进绿色发展的技术，如高效节能技术、资源综合利用技术、新能源开发技术等。绿色科技的特殊意义在于它适应可持续发展的需要。①

---

① 陈昌曙 . 哲学视野中的可持续发展［M］. 北京：中国社会科学出版社，2000：216.

第三节　外部性理论和公共物品理论

一、外部性理论

外部性(externality)是一个出现较晚的经济学概念。外部性或外部效应作为一个正式概念，最早是由经济学家马歇尔提出，并由其信徒庇古丰富和发展的。马歇尔认为，"我们可把任何一种货物的生产规模之扩大而发生的经济分为两类：第一是有赖于这一工业的一般发达的经济；第二是有赖于从事工业的个别企业的资源、组织和经营效率的经济。我们可称前者为外在经济，后者为内在经济"。①马歇尔只提到外部经济性，而庇古则区分、界定了两类外部性——外部经济和外部不经济。庇古在解释二者时说："此问题的本质是，个人 A 在对个人 B 提供某项支付代价的劳动过程中，附带地，亦对其他人提供劳务(并非同样的劳务)或损害，而不能从受益的一方取得支付，亦不能对受害的一方施以补偿。"②其他经济学家如奥尔森、科斯、诺思等也从不同角度对外部性问题进行了探讨。③尽管经济学家探讨外部性的角度不同，但都涉及产权和人与人(组织与组织)之间的合作问题。外部性是指某个微观经济单位(厂商或居民)的经济活动对其他微观经济单位(厂商或居民)所产生的非市场性影响。④其中，对受影响者有利的外部影响被称为外部经济，或称为正外部性；对受影响者不利的外部影响被称为外部不经济，或称为负外部性。所谓非市场性，是指这种影响并没有通过市场价格机制反映出来。当厂商和居民因为外部经济而得益(被称为外部收益)时，他们并不需要为此而向他人支付报酬；而当他们因为外部不经济而受到损失(被称为外部成本)时，他们也得不到相应的补偿。⑤ 如前人种树，后人乘凉；生产者养的蜜蜂为附近的果农传授花粉；国家森林公园的建立带动生态旅游业的发展并为当地人提供更多的就业机会，这都属于外部经济。生产者大规模砍伐森林，引起水土流失、泥沙淤积，造成洪涝灾害等，则属于外部不经济性。当然，外部经济性与外部不经济性经常交叉。在生态保护工作中，经常会遇到外部经济性与内部不经济性交叉作用的例子。流域上下游地区的森林资源利用和生态保护，是由环境引致的经济外部性的一个典型案例。为了保障下游地区有充足的径流量和良好的水质，上游地区应严格保护森林植被、湖泊湿地等涵养水源的重要生态系统，合理规划产业结构和布局，因此，上游地区的经济发展也将受到严重的影响，这种牺牲实质上是一种内部不经济性，而对于下游地区则带来了

---

① 马歇尔. 经济学原理(上卷)[M]. 北京：商务印书馆，1983：279 - 280.
② A・C・庇古. 福利经济学(上卷)[M]. 北京：商务印书馆，2010：196.
③ 贺卫，伍山林. 制度经济学[M]. 北京：机械工业出版社，2003：22.
④ 梁小民. 微观经济学[M]. 北京：中国社会科学出版社，1996：34.
⑤ 厉以宁，章铮. 环境经济学[M]. 北京：中国计划出版社，1995：6.

外部经济性。如果不能合理地解决这种内、外部性的差异，特别是上游地区的牺牲或损失得不到应有的经济补偿，上游地区保护森林资源的主动性将受到打击，积极性相应下降，最终将使下游地区的环境受到威胁。换言之，对下游地区的外部经济性将逐渐转为外部不经济性。①外部性原理成为解释经济活动与环境问题成因的一个基础理论。

既然外部性是指某一生产者或消费者的行为对其他生产者或消费者产生的影响，而这种影响又没有通过价格机制得到体现，外在性的制造者既没有信号提醒他考虑外在性，也没有激励刺激他考虑自己制造的外在性，结果便是：具有外部经济的商品生产可能不足，而具有外部不经济的商品生产可能过多。这必然会破坏市场经济中资源的有效配置。为有效减少和控制经济行为的外部效应，就应当使得外部成本内在化。根据科斯定理，如果私人各方可以无成本地就资源配置进行协商，那么，私人市场总能解决外部性问题，并能有效地配置资源。但是，由于交易成本的存在和交易人数的众多等原因，使得科斯定理难以适用于现实。特别是，如果外部性涉及公共的环境资源，个人决策和行为会给其他人的行为和决策带来有利或不利的临近影响，导致私人边际收益（或成本）与社会边际收益（或成本）出现偏差，市场调节的结果不再符合帕累托最优原则。为此，就需要政府建立制度加以克服，如对造成负外部性者加以课税，如资源费（税），对造成正外部性者加以补偿，如生态效益补偿。林权权利人从事的森林经营活动产生的是正外部性，这种外部性是建立森林生态效益补偿制度的理论依据。

二、公共物品理论

（一）公共物品的概念和特征

在经济学中，根据物品是否具有排他性和竞争性，可以把物品分为私人物品、公共物品。公共物品是指不具备明确的产权特征，形体上难以分割和分离，消费时不具备专有性和排他性的物品，如消防、道路、广播等。而私人物品则恰恰相反，是那些可以分割，可以供不同的人消费，并且对他人没有外部成本的或收益的物品。

公共物品具有两大特征：一是非竞争性，即一个人对公共物品的消费不会影响其他人从对公共物品的消费中获得的效用。如某城市空气质量改善后，居民甲呼吸到清洁的空气，并不会减少居民乙和其他居民呼吸的清洁空气量。二是非排他性，即个人行为不能阻止或排斥不付费者对公共物品的消费。即使某人自己出资治理了城市的大气污染，他也不可能阻止其他居民免费搭车，共享好处。公共物品的这种性质使得私人市场缺乏动力，不能有效地提供公共物品和服务②。我们将同时具有非排他性和非竞争性的产品称为纯粹公共产品，现实生活中同时满足这两个条件的物品并不多。一

① 庄国泰. 经济外部性理论在流域生态保护中的应用[J]. 环境保护，2004(6)：35－38.
② 马中. 环境与资源经济学概论[M]. 北京：高等教育出版社，2006：30－31.

般将具备非竞争性和非排他性特征之一者称为准公共物品。纯粹公共产品的非排他性主要由以下两个方面的原因决定[①]：第一，纯粹公共产品大多是那种在技术上不易排斥众多受益者的产品；第二，某些公共产品虽然在技术上可以排他，但是排他的成本十分昂贵，以至于在经济上不可行。

纯粹公共产品在消费上的非竞争性是由于：第一，公共产品一般都具有不可分割的性质；第二，由于公共产品的不可分割性，因而当一种公共产品还未达到充分消费之前，每增加一个消费者不必相应增加生产的可变成本；第三，当一种公共产品产生消费竞争时，就必须采取某种限制消费人数的措施（如收费等），那么这种商品就不是纯粹的公共产品了。例如，当草原上有过多的人放牧时，就会在消费上发生竞争关系，从而该草原就不再是一种纯粹的公共产品，而是变成一种需要限制使用的公共资源了。

由于公共产品具有非排他性，因而难免会产生搭便车问题。所谓搭便车，就是指某些个人虽然参与了公共产品的消费，但却不愿支付公共产品的生产成本，完全依赖于他人对公共产品生产成本的支付。搭便车问题往往导致市场失灵，即市场无力让公共产品的供给和分配达到帕累托最优。经济学家们认为，公共产品的生产必须依靠一种集中计划的过程，以达到资源的有效配置[②]。

（二）环境是典型的公共物品

环境公共物品通常是指各种环境物品以及环境服务。如清新的空气、纯净的水体、宜人的生态景观、野生动植物的美感、舒适的旅游环境等天然的自然物，还有由某些行为主体提供的公共环境设施（如人工防护林）、环境保护（如治理污染）、环境政策（如水价体系）、环境制度、环境信息等。

环境公共物品根据是否同时具备非排他性和非竞争性可以分为三类：第一类是纯公共物品，即同时具有非排他性和非竞争性，如大气质量、生物多样性、臭氧层等，它提供给新增加一个人的边际成本是严格为零的，而要阻止人们得到它又是不可能的；第二类公共物品是消费上具有非竞争性，但是却可以较轻易地做到排他，如公园、公共游泳池等，有人将这类物品形象地称为俱乐部物品；第三类公共产品与俱乐部物品刚好相反，即在消费上具有竞争性，但是却无法有效地排他，如公共渔场、牧场等。有学者将这类物品称为共同资源。俱乐部物品和共同资源物品通称为"准公共物品"，即不同时具备非排他性和非竞争性。增加一个人对它的消费所花费的边际成本是很低的，要想阻止某些人对它的消费可以通过设立收费的办法解决，但是解决收费问题也是有成本的，所得收入至少要大于因收费而产生的成本才具有可行性。

根据环境公共物品在现实中的不同表现形态来分类，也可分为三类：第一类是实物性的公共物品，比如防洪工程、污水处理设施；第二类是精神性的公共物品，如环保制度、理想和绿色文化；第三类是信息，由于信息本身可以复制，在不考虑知识产

---

① 黄亚钧. 微观经济学[M]. 北京：高等教育出版社，2001：319.
② 黄亚钧. 微观经济学[M]. 北京：高等教育出版社，2001：321.

权的情况下，具有共享性，是纯粹的公共物品，比如环境预测、政府提供的环境统计报告等。

就森林资源而言，森林碳汇是典型的公共物品。由二氧化碳等温室气体排放量的增加而引起全球气候异常变化，已成为科学界和世界各国政府的共识。气候变化导致了各种危害的产生，例如：灾害性极端天气频发，生态系统受到破坏，土地生产力下降，森林、草原、湿地生态功能退化，荒漠化程度加剧，疾病的发生和传播机会增加，等等。气候变化带给人类社会的负面影响是全方位、多尺度、多层次的，不仅破坏了人类社会赖以生存的自然生态系统，而且威胁到经济社会的可持续发展和人类的基本生存条件。科学研究表明，应对气候变化的根本措施是降低大气中的二氧化碳等温室气体的含量。为此，《京都议定书》规定了两条主要途径：一是工业直接减排，即通过使用清洁能源、发展清洁技术来减少二氧化碳等温室气体的排放；二是生物间接减排，即充分发挥生物的固碳功能，通过生物吸收空气中的二氧化碳来达到减排目的。对比两种减排途径，生物间接减排投资少、代价小、综合效益大，因而越来越受到国际社会的青睐。

众所周知，森林是陆地生态系统中的最重要的固碳载体。据政府间气候变化专门委员会（IPCC）估算：全球陆地生态系统中贮存了约 2.48 万亿吨碳，其中约 1.15 万亿吨碳贮存在森林生态系统中，占总量的 46.4%。森林成了陆地上最大的"储碳库"和最经济的"吸碳器"，是维持大气中碳平衡的重要杠杆。因此，森林在生物间接减排中承担着十分特殊的历史使命。由于森林资源与气候变化有着如此密不可分的关系，越来越多的国家和地区积极通过发展林业来不断增加森林碳汇，充分发挥森林资源在应对气候变化中的特殊作用。

影响气候变化的森林因素，主要包括森林面积、森林质量、森林经营措施、森林灾害和森林经营管理者的活动。其中，扩大森林面积是最为直接有效的减缓和应对气候变化的方法。国际社会早已达成共识，通过实施造林和再造林，扩大森林面积，增加林业碳汇，是减排最为经济有效的手段。因此，积极发展碳汇林业，主动承担减排任务，有助于我国在环境外交中占据主导地位，并成为游戏规则的制定者。有鉴于此，我国应当通过森林资源保护红线管制立法，划定和严守森林资源保护红线，规定严格的森林资源保护红线管制措施，加大森林生态系统修复和森林资源保护力度，维护森林生态系统健康，提高森林生态系统质量，为建设"美丽中国"提供更多更好的公共物品。①

---

① 周训芳，诸江. 应对气候变化视域下森林资源保护红线管制立法［J］. 湘潭大学学报（哲学社会科学版），2014（2）：12 － 15.

第二章 林权的发展与基本形态

第一节 林权概述

林权是整个林业改革发展的基石,自古以来客观存在。但我国现行森林法律制度尚未对林权作出系统规定,随着集体林权制度改革的全面推进,许多林权问题需要法律"定纷止争",如林权的内涵与外延、林权流转制度、林权抵押贷款制度等。目前可以直接适用于林权的法律只有《农村土地承包法》和《物权法》,但该两部法律主要针对耕地而进行法律制度设计。对于大多数地区来说,耕地是农民基本生产资料和生活资料,林地更具商品性质,林权改革实践需要针对林权自然与社会特性进行特殊规定。而学界更多地关注林改绩效与问题,少有专门研究林权理论与实践研究的学术文献。因此,需要结合林权改革实践对林权及林权学的理论与体系进行分析。

一、林权的概念

传统意义上的林权,是指森林、林木、林地的所有权和使用权。具体来说,包括四个方面的内容。也就是林权证上登记记载的"林地的所有权、林地的使用权、森林林木的所有权、森林林木的使用权"。但随着《农村土地承包法》和《物权法》的颁布实施,这个概念就不能完全地概括林权的含义,因为其无法涵盖农村土地(包括林地)承包经营权这一概念。林地承包经营权实际上是由森林、林木、林地所有权和使用权派生出来的权利,对于林地承包经营权,《物权法》把它规定为用益物权。

用益物权从法律上来说具有四个特征:第一,用益物权是由所有权派生出来的权利。没有所有权,就没有用益物权。第二,用益物权是部分物权,部分物权是相对于完整物权来说的,完整的物权包括四个方面的权利,即"占有、使用、收益、处分"的权利,而部分物权包括三个方面的权利,即"占有、使用、收益"的权利,也就是说没有处分权,从法律上来说,林地的承包方不能买卖土地。占有为前提,使用和收益为内容、关键、核心,因此用益物权的用就是使用,益就是收益。第三,用益物权一般以不动产作为客体,不动产最典型的代表就是土地。第四,用益物权是一个独立的物权,这也是用益物权最核心的特征。一旦经过法定程序,设立用益物权便具有独立于所有权而单独存在的特征。所有权人不得妨碍、不得干涉用益物权人从事林业生产经营活动，所有权人不得随意收回用益物权人所承包的林地。

随着《物权法》的颁布实施，林地承包经营权作为用益物权，便具有跟林地使用权同等法律地位的权利。因此，国家正在修改《森林法》，现行的《森林法》对林权概念界定不够，应该包括林地承包经营权。林权是一个完整的物权，农民具有占有、使用、收益和处分的权利。因此，从法律上下定义，林权包括森林、林木、林地的所有权和使用权，林地承包经营权等。林权证上没有记载林地承包经营权，应作相应的修改。

二、关于林权的特征

林权具有以下五个特征：

（一）分散性

我国集体林地约占60%，国有林地约占40%。目前集体林权制度改革先走一步，明确产权、承包到户的工作基本完成，因此林权具有"家庭承包，一家一户"这样一个基本特征。这就要求资源林政机构应从传统的林班、小班资源性的管理，逐步过渡到物权性管理与资源性管理相结合的阶段。比如建立档案，林地承包经营权既然已经到农户，就需要以户为单位建立档案，才便于管理，这对整个林业管理工作就提出了新的要求。

（二）多样性

林权以家庭承包为主，其他的形式也同时存在。这就要求对不同类型林权的落实、保护、利用、管理做出不同的规定，要求加强对林权的保护管理。

（三）物权性

林权是一种财产性权利，要加以利用，但林权利用又涉及森林资源保护。要实现森林资源利用与保护相结合，就需要落实、保护、管理与利用好林权。以林下经济发展为主要方式的非木质资源的利用是我国林业下一步发展的方向。中国人民银行、银监会、保监会、财政部、国家林业局等五部委已发文明确规定，林权是可以抵押贷款的。林权具有物权性也具有财产性、资本性，如何充分发挥林权的效益值得深入研究。

（四）流动性

生产要素只有流动起来才能达到有机组合，发挥出最大的经济效益，产权只有流动起来才有意义，不流转的产权是没有意义的产权。农民手中有土地、有劳力，企业大户有资金、有技术、懂管理、懂市场。因此产权流动是必然的，但也不能盲目的流动，要辩证地、从学术角度看待林权流转问题。

（五）地域性

林权是不动产，存在登记问题，现行的林权登记与《物权法》规定要求有较大差距。林地是不动产，林木在没有采伐之前也是不动产，也涉及不动产登记问题。目前林权登记主要有三种方式，现在看远远不够，对新的类型的登记目前我们没有解决。地域性特征又要求资源林政管理和林权管理服务机构要建立在基层，以县级、乡村为主。

三、林权学

林权学是一门学科。要构成一门学科，一般而言，需要具备三个基本要素：第一，独立的研究领域。林权学主要研究四个方面的问题，包括林权的落实，也就是明晰产权与承包到户；林权的利用，即如何发挥林权的最大经济效益；林权的保护，有了纠纷怎么办，怎么去保护林权；林权的管理，如何做到物权性管理与资源性管理的辩证统一。第二，系统的知识体系。林权学知识体系包括但不限于下文阐述的七大制度。第三，独特的研究方法。林权研究方法具有学科交叉性，涉及森林经理、林业经济、法学、社会学、制度经济学等多学科研究方法。林权学作为一门学科是成立的。命名为"林权学"是准确的，不主张叫"林权论"，"论"有些笼统、模糊，论可大可小。也不主张叫"林权管理学"，它只是从行政管理部门角度来说的，内涵过于狭窄。林权学是一门科学，值得深入研究。

（一）基础理论

1. 环境公平理论

包括两个方面，代际公平与代内公平。目前我国的法律法规，考虑的大多是代内公平，代际公平几乎没有考虑。当然没有代内公平也谈不上代际公平，代内公平是代际公平的前提和基础。那么怎么理解代内公平，对林权来说，最关键的一个问题，就是如何保护弱势群体公平的问题。这个弱势群体在林权中就是指农户和职工，而不是保护公司、企业和大户，要保护弱势群体的基本生存需要，首先要解决这个问题。不能像拉美国家那样，土地集中在少部分人手中，多数人没有土地，虽然国家经济比较发达，但是普通公民非常困难，因此社会比较动荡。目前在我们国家，农民仍然是主体也是弱势群体，因此怎样确保农民和职工获得林地的承包经营权，这是第一位的。不能像有些地方，打着改革的旗号，其实通过其他方式承包，把林地的承包经营权都给了公司、企业和大户。代内公平还应该研究区域或流域间的公平问题。往往在山区、林区、沙区这些以林为主的地方，工业的发展受到了限制，比如河北承德就对北京做出了很大的贡献，保证了北京水源的供应。这就要求研究解决森林生态效益补偿和流域补偿的问题，以体现林地承包经营权的环境公平。

2. 可持续发展理论

发展不仅仅指经济增长，而是指经济增长加上社会进步。所谓可持续，是靠利息来维持生存需要，而本金永远在那里。可持续一般有三种情况：第一，对可再生资源，利用的程度不能超过它自然生长的速度，对林业来说，采伐量不能超过生长量；第二，对不可再生资源，利用程度不能超过替代品的开发程度；第三，对以污染物为主的排放，不能超过自然环境自身所净化的速度。这就是可持续。可持续发展最终的目标是达到三者的有机统一，经济发展、环境优化、社会公平与稳定。

3. 外部性理论和公共物品理论

外部性理论分为两类：外部经济、外部不经济。所谓外部性，就是微观的经济主体通过经济活动带来的非市场性的作用，比如通过养蜂起到给果树授粉的作用，就是外部经济，不能用价格来衡量。其中，对受影响者有利的外部影响被称为外部经济，对受影响者不利的外部影响被称为外部不经济。比如采伐造成下游水土流失，就是外部不经济。因此外部性理论，要求争取达到帕累托最优原则，达到效率的最佳。还有公共物品理论，公共物品一般而言具有非竞争性、非排他性的特点。因此林权学的研究应该以这四个理论为研究基础和支撑。

（二）制度体系

林权学包括以下七大制度：

1. 林地承包经营制度

《农村土地承包法》规定，我国农村实行以家庭承包为基础，统分结合的双层经营体制。其中对农村的土地实行家庭承包和其他方式承包，农村土地承包采取农村集体经济组织内部的家庭承包方式。对不宜采取家庭承包的农村土地，可以采取其他方式承包。所谓不宜实行家庭承包的土地，法律上有明确的界定，就是指"四荒地"（荒山、荒沟、荒丘、荒滩）。所谓其他方式承包，法律上也有明确的规定，就是指招标、拍卖、公开协商。家庭承包是主要的，其他方式承包只是作为一个补充，它的理论基础就是环境公平理论。集体林权制度改革中的明晰产权、承包到户虽然基本完成，但事实上问题还很多，最大的问题就是家庭承包经营权落实不到位，家庭承包的比例太低，这既有客观原因，也有主观原因。客观原因主要有几个方面很难处理：第一，公益林地为主的地方要不要分到户，如何分到户？比如北方地区尤其是西北地区，99%林地上的林木都是公益林，又受到自然条件的限制，没什么经济效益。第二，这次改革之前已经流转出去了怎么办，想分确实又无地可分。明晰产权的过程是一项长期的工程，日本明晰产权花了100年时间。因此，我们要保持清醒的头脑，明晰产权既有历史的问题远还没解决，还要看到新的问题不断出现，真正将林地承包经营制度落实到位还任重道远。

2. 林权流转制度

林权流转不流转是农民的事，流转的价格高低是市场的事，流转的规范不规范是林业主管部门的事。因此，林业主管部门要研究流转的规范问题。流转要按照法律规定，按照"依法、自愿、有偿"三个基本原则进行。流转的前提是在明晰产权、承包到户，在实行家庭承包经营的前提下，才能谈流转。流转的主体必然是农户和职工，只有农户获得了土地的承包经营权才有流转。一般而言，林权流转的方式类型有六种：转让、互换、出租、转包、入股、抵押。转让和互换涉及产权的变动，应该进行林权的变更登记，出租和转包不涉及产权的变动，因此不需要进行林权的变更登记。入股也要进行变更登记，抵押是特定的林权流转方式，只有在抵押权不能实现的时候，才涉及林权的变更登记。至于说继承、赠予，国家有专门的法律规定，因此不列入林权流转的方式类型。

我们要研究流转的对象，即哪些是可以流转的，哪些是禁止流转的，主要是指公益林。法律上没有明确规定公益林不能流转，但对公益林具体流转的方式和类型要明确，要分门别类地研究。如对公益林采取转让方式流转的应该禁止，但对公益林采取入股方式流转的应该允许。对流出方和流入方的条件限制问题，按照《农村土地承包法》的规定，对流出方采取转让方式流转的，是有限制条件的，必须要有固定的职业或者稳定的收入来源才能流转；对流入方，要有从事农业生产经营的能力，不能改变林地用途等。由于耕地是农民的基本生产资料和生活资料，这些规定对农业而言是正确的。而林地绝大多数地方不是农民的基本生产资料和生活资料，没必要受此条件限制。对未分到户的集体林权的流转要严格限制。对已经流转出去的，普遍存在着面积过大、周期过长、价格过低的现象，处理起来要本着四个原则：尊重历史、兼顾现实、注重协商、利益调整。对有条件的地方可以考虑预期均山，预期均山后按照《物权法》的规定进行预告登记。

3. 林权登记制度

目前林权登记主要有三种类型：初始登记、变更登记、注销登记。随着《物权法》的颁布实施，现在急需设立抵押登记、预告登记、地役权登记。根据《物权法》第十条的规定，不动产要实行统一登记制度，现在国家已经启动这项工作，因此对林权来说，存在很多现实问题需要研究解决。

4. 林权评估制度

林权评估主要涉及两个方面：一是实物量评估，二是价值量评估。价值量的评估主要靠公式计算。实物量的评估只有林业调查规划设计人员才能进行，难度更大。当前重点要解决评估人员的资质问题，目前林业部门不能认定林权评估人员的评估资质，必须要经过财政部门认可，按照林权评估的独特性，这是不合理的。因此当务之急是要解决林权评估人员的资质，建立独立的评估机构。

5. 林权抵押担保制度

林权抵押担保制度的实行，林权作为财产被国家金融部门承认，是非常了不起的、非常重大的一件事情。从林业主管部门来说，要确保所抵押担保的林权真实、合法、有效、准确，要做到"两个确保"：一要确保所抵押的林权，未经抵押权人同意，不得办理林权变更登记手续；二要确保未经抵押权人同意，林业主管部门不得发放林木采伐许可证。林权的抵押现在面临着以下问题：一是林地使用权尤其是农民的林地承包经营权能否抵押，一旦发生抵押权不能实现后，林地如何进行处置；二是公益林能否抵押，如何处置，这些都存在争议，认识不统一。

6. 林权救济制度

主要包括两个方面：一是发生林权纠纷怎样调解，二是土地承包经营权发生纠纷后怎样调解和仲裁的问题。国家专门颁布了《农村土地承包经营纠纷调解仲裁法》，林业主管部门要认真落实。尤其在山区、林区、沙区等这些以林为主的地区应由林业部门为主尽快建立起承包仲裁机构。

7. 林权利用制度

林权的利用涉及农民职工获得林地承包经营权之后，如何发展的问题。在现阶段，核心是如何走出一条不砍树、能致富的路子。因此非木质资源的利用将是下一步发展的重点，从大的方面说，林业的发展必然要经过三个阶段：一是以木质资源利用为主的阶段（过去）；二是以木质资源利用和非木质资源利用相结合相并重阶段（现在）；三是以非木质资源利用为主，木质资源利用为辅的阶段（未来）。

（三）研究方法

林权学是一门新兴的交叉学科，需要从多学科角度进行研究。除了理论联系实际、比较研究、实证分析等常规的社会科学研究方法之外，林权学的基本研究方法主要有法学研究方法、经济学研究方法、生态学研究方法、土地管理学研究方法。

1. 法学研究方法

研究林权，首先需要从法学的角度探讨林权的法律性质，林权的确认，林权的统一登记，林权的交易，林权的流转方式，林权纠纷的解决，既包括规范分析，也包括实证分析。

2. 经济学研究方法

根据产权经济学理论，明晰的产权只有在不同产权主体间自由流动才能通过价高者得的交易规则实现产权配置的最优化。通过家庭承包方式落实给农户的林地承包经营权是一种用益物权，在不改变林地用途的前提下，农户按照自己的意愿自由支配林地承包经营权。农户享有林地承包经营权的自主流转权，不仅享有是否流转、流出还是流入的自由，而且享有自主决定流转方式、流转价格、流转期限、流转途径的自由。农户流转的目的在于实现其收益权，流转收益的大小直接影响着农户的流转行为，只有当流出的净收益大于自主经营的净收益，农户才会选择流出林地承包经营权。而就林权学的研究内容而言，应当研究林地资本化的模式、方式、实现形式以及相关的制度建设。在林权流转市场中，农户处在天然的弱势地位，营林大户、木材商和企业等流入方在资本、信息、谈判能力方面均处于强势地位。因此，只有通过向农户倾斜的制度安排，才能实现交易公平，保障农户自主流转权和流转收益权的实现。

3. 生态学研究方法

林权学应当运用生态学方法对林权制度进行创新性的安排与设计，体现林业可持续发展的制度需求和生态环境保护理念，凸显生态文明制度建设的时代主题。作为林权客体的森林资源承载着生态价值和生态公共利益的功能，如何建立健全林地生态补偿制度、公益林与商品林分类管理制度、采伐限额制度、林业税费制度、林业保险制度、林业金融制度、林权交易制度，充分体现森林资源的经济、社会与生态效益，是林权学研究中需要重点解决的问题。

4. 土地管理学研究方法

从土地管理学角度看，林地是记载于土地登记簿中的地球表面部分。具体而言，林地经过测量后绘制成图，并被划分为编有独立编号的宗地，林地四至被精确地登记在林权登记簿中，林地现场则由登记机关设置界石予以标示，以表明每一块被标上号码的土地的法律状况。我国已颁布《不动产登记暂行条例》，林地登记已纳入不动产统一登记的范围，不动产登记簿是林权的归属和内容的依据。因此，林地是被登记机关登记的植有林木的土地、负载有林木部分的土地或者适宜植林的土地，其位置、四至界限、面积等必须在国家专设的登记簿中得以明确记载。并非所有种植林木的土地均为法律意义上的林地，农民在自己的宅基地上种植的林木、房地产开发商在住宅小区内种植的林木，却属于集体所有的宅基地、国家所有的建设用地，而不是林地。因此，林权学研究中需要运用土地管理学研究方法，从土地规划、土地管理、土地登记等角度研究林地权利。

第二节 林权的基本形态

一、森林、林木、林地的所有权

森林资源是实现林业可持续发展的基础。根据《森林法实施条例》第2条第4款的规定，作为森林资源所有权客体的林地，包括郁闭度0.2以上的乔木林地以及竹林地、灌木林地、疏林地、采伐迹地、火烧迹地、未成林造林地、苗圃地和县级以上人民政府规划的宜林地。在《土地管理法》第4条的规定中，林地属于农用地，即直接用于农业生产的土地。对于集体林权而言，集体林权制度改革涉及的林地，包括农民集体所有和国家所有依法由农民集体使用的林地，属于《农村土地承包法》第2条规定的农村土地的范围。

林地所有权包括国家所有权和集体所有权。《土地管理法》第2条规定："中华人民共和国实行土地的社会主义公有制，即全民所有制和劳动群众集体所有制。"同时，第11条规定，确认林地的所有权或者使用权，依照《森林法》的有关规定办理。《森林法》第3条规定，森林资源属于国家所有，由法律规定属于集体所有的除外。国家所有的和集体所有的森林、林木和林地，个人所有的林木和使用的林地，由县级以上地方人民政府登记造册，核发证书，确认所有权或者使用权。国务院可以授权国务院林业主管部门，对国务院确定的国家所有的重点林区的森林、林木和林地登记造册，核发证书，并通知有关地方人民政府。根据以上法律规定，我国的林地所有权包括国家的林地所有权和集体的林地所有权两类。

《土地管理法》第9条规定，国有土地和农民集体所有的土地，可以依法确定给单位或者个人使用。《农村土地承包法》第3条规定："国家实行农村土地承包经营制度。农村土地承包采取农村集体经济组织内部的家庭承包方式，不宜采取家庭承包方式的荒山、荒沟、荒丘、荒滩等农村土地，可以采取招标、拍卖、公开协商等方式承包。"这成为了集体林权制度改革的基本法律依据。

二、森林、林木、林地的使用权

森林、林木、林地的使用权是从森林、林木、林地的所有权派生出来的一项财产权利，包括对森林、林木、林地的占有权、使用权、收益权和一定条件下的处分权。《森林法》确立的森林、林木、林地使用权流转制度，使森林、林木、林地使用权成为一项独立的民事权利。

森林、林木、林地使用权流转，是森林、林木、林地使用权与森林、林木、林地所有权发生分离，将森林、林木、林地使用权通过一定方式转移到非所有权人手中的行为。也就是说，森林、林木、林地的所有权人或依法获得了森林、林木、林地使用权的使用权人，将自己拥有的森林、林木、林地使用权让渡给他人，使其成为新的森林、林木、林地使用权人。原来的森林、林木、林地所有权人或者森林、林木、林地使用权人称为转让方，新的森林、林木、林地使用权人称为受让方。

在我国，林地的所有权属于国家或集体所有，除了未开发的宜林荒山以外，林地的使用权一般已由森林或林木的经营者依法无偿取得。新的投资者如果愿意经营森林，就必须通过林地使用权流转的方式来获得林地的使用权。林地使用权流转虽然是在平等的民事主体之间进行的，但是，由于《土地管理法》、《森林法》、《农村土地承包法》都明文规定使用权人不得改变林地用途，因此，这种流转行为形成的法律关系，既要受到《民法通则》、《物权法》和《合同法》的调整，也要受到《森林法》、《土地管理法》和《农村土地承包法》的调整。

《森林法》第 15 条规定了森林、林木、林地使用权可以依法转让，也可以依法作价入股或者作为合资、合作造林、经营林木的出资、合作条件。该条规定包括了以下法律制度：用材林、经济林、薪炭林的森林使用权转让制度，用材林、经济林、薪炭林的林木使用权转让制度，用材林、经济林、薪炭林的林地使用权转让制度，用材林、经济林、薪炭林的采伐迹地、火烧迹地的林地使用权转让制度，国务院规定的其他森林、林木和其他林地使用权转让制度等。

《森林法》的这一规定，在我国第一次确立了森林、林木、林地使用权流转制度，并完善了我国的土地使用权流转制度体系。《土地管理法》第 11 条规定，确认林地的所有权或者使用权，依照《森林法》的有关规定办理。因此，《森林法》规定的林地使用权制度成为土地使用权制度的有机组成部分，为商品林林地资源的市场化奠定了法律基础，彻底结束了林地无偿使用的历史。

在《森林法》第 15 条规定的基础上，中共中央、国务院《关于加快林业发展的决定》进一步提出要加快推进森林、林木和林地使用权的合理流转，在明确权属的基础上，国家鼓励森林、林木和林地使用权的合理流转，各种社会主体都可通过承包、租赁、转让、拍卖、协商、划拨等形式参与流转，并提出要重点推动国家和集体所有的宜林荒山荒地荒沙使用权的流转。

　　林地使用权的流转，为林业生产的发展和林业企业的改革和振兴，开辟了一条新的途径。我国是一个森林资源贫乏的国家，必须保护好现有森林资源，发挥森林的生态效益和社会效益，为其他生产领域提供生态条件。但是，社会对林木和其他林产品的需求量很大，林地使用权人也要从林地获取经济效益，不可能不消耗森林资源。为了解决这一矛盾，除了国有天然林由国家投资经营发挥其生态效益以外，还要通过林地使用权的有偿流转，使商品林地所有权人获得造林、营林的资本，从而有条件长期经营森林。林地商品化的结果，将促使人们建立起林地的地价观念，珍惜每一寸林地，发挥林地的最佳生产能力和经济效益，开发利用好所有能够经营商品林的林地资源，使森林资源稳步增长。这种结果，又将吸引外资和民间资金投入营造商品林，将市场竞争机制引进林业，使商品林的生产格局发生重大的改变。这将从根本上缓解森林资源的供求矛盾，满足社会对木材和其他林产品的需要。

　　林地属于《土地管理法》规定的三类土地中的农用地，但林地不同于耕地、草地、养殖水面等农用地，不是短时期内就体现其经济价值，也不仅仅体现出经济价值。林地是树木和其他林产品生长的载体，它既在不断地通过林木和其他林产品使森林资源增值，又同时在保护和改良土壤，涵养水源，防止水土流失。林地投资者在造林营林的过程中，由于使用权的依法取得而精心管护，使现有资金借助资源的增值而增值，比投资其他行业的风险小，预期利益稳定；对国家和其他林地所有权和使用权人来说，林地转让金的获取使林地的价值提前得以实现，可以起到盘活资金和资源、增强企业经济活力和竞争能力、改善企业生存条件的作用。

三、林地承包经营权

　　依照《物权法》的规定，土地承包经营权是用益物权的具体类型。《物权法》第125条规定："土地承包经营权人依法对其承包经营的耕地、林地、草地等享有占有、使用和收益的权利，有权从事种植业、林业、畜牧业等农业生产。"由此可知，土地承包经营权是指农业生产经营者为种植、养殖、畜牧等农业目的，对集体所有的或国家所有由农民集体使用的农业土地依据承包合同而享有的占有、使用、收益的权利。林地承包经营权属于土地承包经营权的一种类型。

　　自留山是历史遗留下来的土地承包经营权的一种十分特殊的情况。自留山是指农业集体化后分给社员使用和经营的小块山林。山权仍归集体所有，林木和林产品归社员个人所有。为了鼓励社员植树造林，在不影响集体林业发展的前提下，把一部分荒山划给社员作为自留山，是过去我国发展林业生产的一个重要措施。

（一）林地承包经营权的概念和特征

　　林地承包经营权是指林业生产经营者为了森林、林木的培育种植、经营管理和采伐利用等林业目的，与农村集体经济组织、村民委员会或者村民小组签订林地承包合同，并依据林地承包合同对集体所有的或国家所有由农民集体使用的林地享有占有、使用和收益的权利。

《物权法》明确规定林地承包经营权为用益物权,具备用益物权的特征和法定权利:

第一,林地承包经营权是由林地所有权派生的物权。林地所有权是权利人对林地依法享有占有、使用、收益和处分的权利。林地承包经营权则是在林地所有权上设立的权利,即对国家和集体所有的林地享有占有、使用和收益的权利。

第二,林地承包经营权是受限制的物权。相对于林地所有权而言,林地承包经营权是不全面的、受一定限制的物权。主要表现为:一是不具有对林地所有权进行处分的权利;二是在设定期限届满时应将占有、使用的林地返还给所有权人;三是必须根据法律的规定及合同的约定正确行使权利。

第三,林地承包经营权一般以林地作为客体,并可依法进行流转。例如,根据《物权法》第 128 条的规定,通过家庭承包方式承包的林地,可以通过转包、互换、转让等方式进行流转;根据《物权法》第 133 条的规定,通过招标、拍卖、公开协商等方式承包的林地,可以通过转让、入股、抵押或者其他方式进行流转。

第四,林地承包经营权是一项独立的物权。林地承包经营权一经设立,便具有独立于林地所有权而单独存在的特性。所有权人对林地的占有、使用和收益的权能由林地承包经营权人行使,所有权人不得随意收回或调整林地,不得妨碍林地承包经营权人依法行使权利。同时,林地承包经营权人具有对林地的直接支配性和排他性,可以对抗所有权人的干涉和所有第三人的侵害。

(二)林地承包经营权的权利内容

林地承包经营权是土地承包经营权的一种类型。林地承包经营权包括承包林地的使用、收益和林地承包经营权流转的权利,自主组织林业生产经营和处置林产品的权利,承包林地被征用、占用时获得补偿的权利等。

林地承包经营权自林地承包经营权合同生效时设立。《物权法》第 127 条规定,"土地承包经营权自土地承包经营权合同生效时设立。县级以上地方人民政府应当向土地承包经营权人核发土地承包经营权证、林权证、草原使用权证,并登记造册,确认土地承包经营权。"

林地承包经营权的取得、行使和保护,都与一般土地的使用权不同。例如,集体经济组织内部成员有依法平等地行使承包林地的权利,也可以自愿放弃承包林地的权利;林地承包应当遵守《森林法》等林业法律法规的规定,保护森林资源的合理开发和可持续利用,不得改变林地的用途;在承包期内,发包方不得收回、调整承包的林地,等等。

(三)林地承包经营的形式

林地承包经营的形式,包括两种方式,即家庭承包和以招标、拍卖、公开协商等方式的承包。《农村土地承包法》第 3 条规定:"国家实行农村土地承包经营制度。农村土地承包采取农村集体经济组织内部的家庭承包方式,不宜采取家庭承包方式的荒山、荒沟、荒丘、荒滩等农村土地，可以采取招标、拍卖、公开协商等方式承包。"根据这一规定，林地承包原则上采取农村集体经济组织内部的家庭承包方式。只有在特殊情况下，即对于荒山等不宜采取家庭承包方式的林地，才采取招标、拍卖、公开协商等方式承包。

林地的家庭承包的发包方是村集体经济组织、村民委员会或者村民小组，承包方是本集体经济组织的农户。发包方与承包方应当签订书面的林地承包合同。林地承包合同的条款一般包括：发包方、承包方的名称，发包方负责人和承包方代表的姓名、住所；承包林地的名称、坐落、面积、质量等级；承包期限和起止日期；承包方不得改变林地的用途；发包方和承包方的权利和义务；违约责任等。承包合同自成立之日起生效，承包方从这个时候开始即取得了林地承包经营权。县级以上地方人民政府应当向承包方颁发林地承包经营权证和林权证，并登记造册，确认林地承包经营权。

林地的承包是具有期限的。《物权法》第 126 条规定："耕地的承包期为三十年。草地的承包期为三十年至五十年。林地的承包期为三十年至七十年；特殊林木的林地承包期，经国务院林业主管部门批准可以延长。前款规定的承包期届满，由土地承包经营权人按照国家有关规定继续承包。"这一规定，与《农村土地承包法》第 20 条的规定是完全一致的。根据这一规定，林地的承包期一般为 30～70 年。在特殊情况下，经过国务院林业主管部门的批准，还可以延长。

(四)林地承包经营权的流转

林地承包经营权可以流转。林地承包经营权的流转，分为两种情况，一种是通过家庭承包的方式承包的林地的流转，一种是通过招标、拍卖、公开协商等方式承包的林地的流转。对此，《物权法》和《农村土地承包法》都分别作出了规定。

关于通过家庭承包的方式承包的林地的流转，《物权法》和《农村土地承包法》的规定不尽一致。《物权法》第 128 条列举的流转方式有转包、互换、转让等方式，而《农村土地承包法》第 32 条列举的流转方式有转包、出租、互换、转让或者其他方式。《物权法》第 128 条没有将《农村土地承包法》第 32 条中列举的出租作为一种流转的方式明确列举。

关于通过招标、拍卖、公开协商等方式承包的林地的流转，《物权法》与《农村土地承包法》的规定也同样不一致，即《物权法》同样也没有将《农村土地承包法》列举的出租作为一种流转的方式。《物权法》第 133 条列举的流转方式有转让、入股、抵押或者其他方式，而《农村土地承包法》第 49 条列举的流转方式有转让、出租、入股、抵押或者其他方式，同时，还要求承包的林地依法登记并取得土地承包经营权证或者林权证等证书，才能进入流转。

但是，按照特别法优先于普通法的法律适用原则，林地承包经营权的流转，可以依照《农村土地承包法》规定的方式进行流转。

第三章 森林、林木和林地物权制度

第一节 森林、林木和林地所有权

一、国有森林、林木和林地所有权

《物权法》第四十八条、《森林法》第三条第一款均规定，除法律规定属于集体所有外，森林资源属于国家所有。按照《森林法实施条例》第二条对"森林资源"的法定解释，森林资源主要包括森林（乔木林和竹林）、林木（树木和竹子）以及林地（郁闭度 0.2 以上的乔木林地以及竹林地、灌木林地、疏林地、采伐迹地、火烧迹地、未成造林地、苗圃地和县级以上人民政府规划的宜林地）。

至于国有林使用权制度，与国有林产权制度改革密切相关，目前处在改革试点阶段。但根据法理以及现行法律规定，除林木所有权外，国有森林和林地使用权的性质属于债权性质。《森林法实施条例》第四条规定，依法使用的国家所有的森林、林木和林地，按照下列规定登记：

（一）使用国务院确定的国家所有的重点林区的森林、林木和林地的单位，应当向国务院林业主管部门提出登记申请，由国务院林业主管部门登记造册，核发证书，确认森林、林木和林地使用权以及由使用者所有的林木所有权；

（二）使用国家所有的跨行政区域的森林、林木和林地的单位和个人，应当向共同的上一级人民政府林业主管部门提出登记申请，由该人民政府登记造册，核发证书，确认森林、林木和林地使用权以及由使用者所有的林木所有权；

（三）使用国家所有的其他森林、林木和林地的单位和个人，应当向县级以上地方人民政府林业主管部门提出登记申请，由县级以上地方人民政府登记造册，核发证书，确认森林、林木和林地使用权以及由使用者所有的林木所有权。

未确定使用权的国家所有的森林、林木和林地，由县级以上人民政府登记造册，负责保护管理。

二、集体森林、林木和林地所有权

随着集体林权制度改革的全面推进，以及《物权法》关于农村土地所有权的规定，集体森林、林木和林地所有权性质日益明晰。《物权法》第五十九条第一款明确规定"农民集体所有的不动产和动产，属于本集体成员集体所有"，并在第二款明确列举应当依照法定程序经本集体成员决定的事项：（一）土地承包方案以及将土地发包给本集体以外的单位或者个人承包；（二）个别土地承包经营权人之间承包地的调整；（三）土地补偿费等费用的使用、分配办法；（四）集体出资的企业的所有权变动等事项；（五）法律规定的其他事项。根据共同所有的法律分类，这一规定是按照总有性质设计农民集体所有权：

第一，农民集体所有权是由集体成员组成的共同所有，是独立于私有产权、国有产权的所有权形式。其使用收益权和管理决策权分别属于成员个体与成员集体，不属于集体以外的任何组织和个人。

第二，农民个体具有以使用收益为内容的成员权。即通过家庭承包方式取得的土地承包经营权。因此，家庭承包集体林地是成员集体所有权的法律要求。

第三，管理决策权属于成员集体。《村民委员会组织法》第十九条规定，涉及村民利益的下列事项，村民委员会必须提请村民会议讨论决定，方可办理：（一）乡统筹的收缴方法，村提留的收缴及使用；（二）本村享受误工补贴的人数及补贴标准；（三）从村集体经济所得收益的使用；（四）村办学校、村建道路等村公益事业的经费筹集方案；（五）村集体经济项目的立项、承包方案及村公益事业的建设承包方案；（六）村民的承包经营方案；（七）宅基地的使用方案；（八）村民会议认为应当由村民会议讨论决定的涉及村民利益的其他事项。第二十一条则进一步规定人数较多或者居住分散的村，可以推选产生村民代表，由村民委员会召集村民代表开会，讨论决定村民会议授权的事项。据此，管理决策权属于村民会议和村民代表会议，而不属于乡村集体经济组织或村民委员会或村民小组。

此外，《物权法》废止了之前由乡村集体经济组织或村民委员会或村民小组经营管理的法律规定，在第六十条规定：对于集体所有的土地和森林、山岭、草原、荒地、滩涂等，属于村农民集体所有的，由村集体经济组织或者村民委员会代表集体行使所有权；分别属于村内两个以上农民集体所有的，由村内各该集体经济组织或者村民小组代表集体行使所有权；属于乡镇农民集体所有的，由乡镇集体经济组织代表集体行使所有权。从法理角度分析，这一规定明确了乡村集体经济组织或村民委员会或村民小组是农民集体所有权的法定代理人。法定代理人的职责在于保护被代理人不受包括自己在内的任何人的侵害，据此，《物权法》第六十三条规定"集体经济组织、村民委员会或者其负责人作出的决定侵害集体成员合法权益的，受侵害的集体成员可以请求人民法院予以撤销"。

关于农村土地所有权的性质，曾有一段时间成为学界研究热点，综合各家观点，主要有三种主张：第一，农地国有说。该说主要从我国农地资源供需矛盾十分突出的基本国情出发，针对土地管理中间环节过多造成权力者"寻租"现象严重的现实，提出：将农村土地全部收归国有，然后通过发包、承包的形式实现农民对土地的承包经营权。第二，农地私有说。此说认为只有土地私有，才能使农民真正获得土地完整的权利，才能彻底解决农民经营土地行为的短期性。第三，仍然保留农地的农民集体所有权，但对其性质应在立法上有明确的界定。而对于具体的性质，有主张新型的总有；有主张"个人化与法人化的契合"，有主张共同共有等。

显然，《物权法》采取了保留农民集体所有权性质，通过总有设计增强农民集体所有权主体的确定性，赋予家庭承包经营权的所有权依据，为解决共有产权的内部排他性问题提供了有效的理论路径：在集体所有权体系内，通过均田和均山明晰成员间产权界限与产权内容以减少内部成员间的非排他性。

成员集体所有的法律性质对于集体林权制度明晰产权、承包到户的改革实践具有显著的指导意义：

《中共中央 国务院关于全面推进集体林权制度改革的意见》（以下简称《意见》）明确集体林权制度改革的第一项主要任务是"明晰产权"：在坚持集体林地所有权不变的前提下，依法将林地承包经营权和林木所有权，通过家庭承包方式落实到本集体经济组织的农户，确立农民作为林地承包经营权人的主体地位。对不宜实行家庭承包经营的林地，依法经本集体经济组织成员同意，可以通过均股、均利等其他方式落实产权。已经承包到户或流转的集体林地，符合法律规定、承包或流转合同规范的，要予以维护；承包或流转合同不规范的，要予以完善；不符合法律规定的，要依法纠正。

林改实践中存在对《意见》关于"不宜实行家庭承包经营的林地"和"已经流转的集体林地"两种情况的误读，成为一些地方不进行家庭承包制改革的理由。以成员集体所有权的《物权法》规定系统理解《意见》关于"明晰产权"的内容：所谓"不宜实行家庭承包经营的林地"只适用于经本集体经济组织成员决议、大多数农户不愿经营的"四荒地"或其他林地，而不是由地方决策层主观臆断本行政区内不适合均山。如果对整个行政村的林地都适用"不宜实行家庭承包"的话，实际上是对农民成员权的侵犯。而《意见》对于"已经流转的集体林地"的维护、完善或纠正的态度是针对尚未到期的流转合同，对于已经到期和以后到期的林地仍然应进行家庭承包。

除国有和集体森林、林木和林地所有权外，我国现行法律与政策都赋予个人林木所有权。

第二节　林地承包经营权

一、农村家庭承包经营制度的确立与发展

对于家庭联产承包责任制，中央的政策经历了认识的逐步变化过程。随着认识与实践的深入，发展为以家庭承包经营为基础、统分结合的农村基本经营制度。

（一）家庭承包经营制度的确立

家庭联产承包责任制在中国大多数地区只在 1978～1982 年农村改革初期实行过 4

年。而被称为家庭承包经营制度在 1982 年以后就在各地以"大包干"的形式出现，只是官方文件对该制度的称呼没有发生变化，直到 1998 年。

1. 1984～1993 年：承包期延长 15 年和《民法通则》对承包经营权的确认

1984 年中共中央《关于一九八四年农村工作的通知》提出"土地承包期一般应在十五年以上。生产周期长的和开发性的项目，如果树、林木、荒山、荒地等，承包期应当更长一些"，通过延长土地承包期，以鼓励农民增加投资，培养地力，实行集约经营，并允许经集体同意，由社员自找对象协商转包。

1986 年 4 月 12 日，第六届全国人大第四次会议通过的《民法通则》首次在"财产所有权和与财产所有权有关的财产权"部分中规定了承包经营权及其内容，"公民、集体依法对集体所有的或者国家所有由集体使用的森林、山岭、草原、荒地、滩涂、水面的承包经营权，受法律保护。承包双方的权利和义务，依照法律由承包合同规定"，从而在民事基本法的层面确认了承包经营权作为财产权的地位。

2. 1993～1998 年：土地承包期再延长 30 年和农村基本经营制度的提出

1993 年 11 月，中共中央、国务院发出《关于当前农业和农村经济发展的若干政策措施》，决定在原有的耕地承包到期之后，再延长 30 年不变；提倡在承包期内"增人不增地，减人不减地"；在坚持土地集体所有的不改变土地用途的前提下，经发包方同意，允许土地使用权依法有偿转让。这个文件与 1984 年的《关于一九八四年农村工作的通知》相比，在农村土地政策安排上有三个明显的不同：一是承包期由原来的 15 年变为 30 年；二是提倡"增人不增地，减人不减地"，这主要是针对第一轮承包过程中出现的频繁调地现象而提出的。三是提出有偿转让，赋予农户对其耕地使用权进行处分的权利。

1994 年的中央农村工作会议文件中，"农村基本经营制度建设"被作为深化农村改革的第一项内容正式提出。1998 年，十五届三中全会通过的《关于农业和农村工作若干重大问题的决定》，把长期坚持以家庭承包经营为基础、统分结合的双层经营体制，确定为我国农村的一项基本经营制度，必须长期坚持。

3. 1999 年：宪法对家庭承包经营制的确认

1998 年《关于农业和农村工作若干重大问题的决定》提出实行"家庭承包经营为基础、统分结合的经营制度"，改变了过去"家庭联产承包制"的说法，1999 年的《宪法》修正案将第 8 条第 1 款中"以家庭联产承包为主的责任制"修改为"农村集体经济组织实行家庭承包经营为基础、统分结合的双层经营体制"，宪法的这一规定，标志着以家庭承包经营为基础、统分结合的双层经营体制作为我国农村基本经营制度宪法地位的正式确立。

（二）家庭承包经营制度的发展

按照 1998 年中共中央《关于农业和农村工作若干重大问题的决定》和 1999 年的《宪法》修正案的规定，家庭承包经营制度是家庭承包经营为基础、统分结合的双层经营体制的简称。一般认为，"双层经营体制"有其特定的内涵和基本特征：①以家庭承包经营为基础的双层经营体制，其土地的所有制性质是农民集体所有制。②土地使用权从所有权中分离出来是产生家庭经营这一基础层次的前提。实践证明：在土地集体所有制的基础上实行家庭分散经营的两权分离，一般优于集体所有、集体统一经营的两权合一。③以双层经营结构为基本特点。所谓双层经营结构，是指集体统一经营的主导层次和家庭分散经营的基础层次。这两个层次有机结合，形成双层经营的基本构架。在不同地区不同条件下，集体统一经营的层次和家庭分散经营的层次在双层经营结构中的比重并不完全相同。大体有三种情况：一是统分结合以统为主；二是统分结合以分为主；三是统分结合，集体统一经营与家庭分散经营的比重相当。④以种植业为基本经营内容。由于土地的集体所有制是我国农村经济制度的基本制度，而家庭承包经营制的核心内容又是土地经营权的承包，所以双层经营体制的基本经营内容是种植业。土地的均等分散承包经营、种植业生产力水平较低及其自身的特点，使种植业中的集体统一经营与家庭分散经营相结合的双层经营体制具有特殊的意义。

以家庭承包为基础、统分结合的双层土地经营体制是农业家庭承包经营制度30年改革实践的伟大创造。但在新一轮集体林权制度改革之前，27亿亩的农村集体林地尚未彻底实施家庭承包经营制度。没有林业家庭承包经营制度的落实，农村基本经营制度难以真正建立。因此，仅限于农业改革的农村改革是不全面、不彻底和不完善的，只有推行集体林权制度改革，才能从根本上解决占全国总人口56%的山区人民的致富问题，才能有效解决涵盖"三林"——林业、林区、林农问题的"三农"——农业、农村、农民问题。2008年中共中央、国务院《关于全面推进集体林权制度改革的意见》将家庭承包经营制度应用到林地，明确提出"用5年左右的时间，基本完成明晰产权、承包到户的改革任务"。之后的中共中央第十七届三中会议和2009年中央召开的首次林业工作会议加大推进改革力度，包括耕地和林地在内的农用地家庭承包经营制度真正成为我国农村基本经营制度。

二、林业三定到林业家庭承包经营制度的变迁

1978年到20世纪80年代初，农业家庭联产承包责任制的实施揭开了我国改革开放的序幕并在全国范围内迅速推广，但林业家庭承包经营改革则命运多舛。1981年，中共中央、国务院《关于保护森林发展林业若干问题的决定》部署了以"稳定山林权、划定自留山和确定林业生产责任制"为内容的林业三定工作。到1984年，全国有3/4的县、4/5的乡村完成了林业三定工作，共划定自留山3133多万公顷，涉及5000多万农户，6万多亩的山林承包到户。

（一）林业三定政策的主要内容

1. 稳定山权、林权

根据《关于保护森林发展林业若干问题的决定》，稳定山权、林权的做法是："国家所有、集体所有的山林树木，或个人所有的林木和使用的林地，以及其他部门、单

位的林木，凡是权属清楚的，都应予以承认，由县或者县以上人民政府颁发林权证，保障所有权不变。"1981年7月国务院办公厅转发林业部《关于稳定山权林权落实林业生产责任制情况简报的通知》，进一步对在稳定山权林权中出现的权属争议提出解决办法："林权坚持谁造谁有、合造共有的政策；集体山林一般以'四固定'时确定的权属为准，'四固定'时未确定权属的，参考合作化或土改时确定的权属。"这里的"四固定"是指1960年11月3日，中共中央发布《关于农村人民公社当前政策问题的紧急批示信》中规定的"劳力、土地、耕畜、农具必须坚决实行四固定，固定给生产小队使用"，1962年9月27日中共中央发布《农村人民公社工作条例修正草案》，其中第12条进一步明确："为了保护、培育和合理利用山林资源，公社所有的山林，一般应该下放给生产队所有；不宜下放的，仍旧归公社或者生产大队所有。归公社或生产大队所有的山林，一般地也应该固定包给生产队经营；不适合生产队经营的，由公社或者生产大队组织专业队负责经营。这些山林的所有权和经营权，定下来以后，长期不变。"由于林地是农村重要的土地资源，因此林地基本规定到生产小队。

2. 确定自留山

《关于保护森林发展林业若干问题的决定》规定："自留山由社员植树种草，长期使用。自留山种植的树木，永远归社员个人所有，允许继承。"在林地多的地区，地方政府做出了更详细的规定。例如，1981年6月福建省人民政府发布的《关于稳定山权林权若干具体政策的规定》对可以划入自留山的种类和面积规定："划给社员自留山，一般应划荒山，荒山不足的，可适当划些疏林地，但不准分中、幼林和成林"，"自留山的面积，一般可占生产大队或生产队山地总面积的10%~15%，不超过20%"。按当时政策精神，自留山具有以下特征：①所有权属于集体，农民享有经营权，不得出租、转让或买卖。②对自留山所种林木，农民享有所有权，并可以继承。但由于有采伐指标的限制，农民对其自留山上林木的处分受到限制。③划分自留山的做法一般是：自留山以生产队为单位，平均到户，长期经营，不因农户人口变动而增减，即"生不补、死不收"。④自留山的主要用途是农民家庭的薪材和自用材需要。

3. 落实林业生产责任制

《关于保护森林发展林业若干问题的决定》明确了集体林经营的改革方向，即"社队集体林业，应当推广专业承包、联产计酬责任制。可以包到组、包到户、包到劳力"。其运作方式是仿效农业产双制度改革的模式，也是以林地经营权由集体向农民手中转移为特点。各地政府对林业三产责任制不同的实践诠释，形成了分林到户、集体经营（包括作业阶段承包经营）和折股联营三种经营模式。

（1）分林到户。"分林到户"是林业"三定"时建立起来的一种林业生产责任制形式，是农业大包干在林业经营上的延伸和发展。集体将林地使用权，不少地方称管理使用权，含义上更倾向于"集体经营、落实分户管护责任"，双方的责权利以承包合同形式确立，木竹采伐由集体决定，产品交林业部门收购（木材市场未放开前还有计划收购任务），收入在缴纳国家税费，以及集体提留和30%林价后，剩下部分归农民所有。安徽省绝大部分集体林按照农业承包责任制的方法均分到户，承包山面积达 280 万 hm^2，占集体林地面积的 74%。湖北省通过"林业三定"和"两山合一山"，将大部分集体山林落实到了农户经营(约有 60% ~70% 山林到户)。

(2)集体统一经营。福建省在"林业三定"期间，除以荒山为主的 9.4% 的林地实行分林到户和部分区域(如三明市)对"现有林"实行折股联营外，其余大部分地区仍实行集体统一经营。2003 年福建省人民政府下发《关于推进集体林权制度改革的意见》亦承认，"由于大部分集体山林仍由集体统一经营，存在林木产权不明晰、经营机制不灵活、利益分配不合理等突出问题，农民作为集体林业经营主体的地位没有得到有效落实，影响了其发展林业的积极性，制约了林业生产力的进一步发展"。

(3)折股联营。福建三明市在林业三定的过程中，没有实行集体山林分户承包经营的模式，而是按照"分股不分山，分利不分林，折股经营，经营承包"的原则，选择集体山林折股经营，山林联系面积、联系产量的"双联"计酬承包管护方法。尽管这一形式遭到部分学者的质疑，但当时的主流观点，特别是林业主管部门认为，这种以"分股不分山，分利不分林"为制度特征的林业股份合作制，既顺应了激发农民林业生产积极性的要求，又避免了"分林到户"可能带来的林地破碎化和乱砍滥伐弊端，为此，在当时被中共中央办公厅列为"中国农民的伟大实践"典型而在全国推广。

1985 年中共中央、国务院《关于进一步活跃农村经济的十项政策》在取消农副产品统购统销的同时取消了集体林区木材统购。一些地方出现较为严重的超量采伐现象。1987 年 6 月 30 日，中共中央、国务院发布《关于加强南方集体林区森林资源管理坚决制止乱砍滥伐的指示》，指出："近一、二年来，超量采伐普遍存在，乱砍滥伐屡禁不止，愈演愈烈。造成这种状况的直接原因，主要是林业改革中某些具体政策失调和存在漏洞。"因此，要求"凡没有分到户的不得再分，已经分到户的，要以乡或村为单位组织专人统一护林。积极引导农民实行多种形式的联合采伐、联合更新、造林。"该政策出台后，一些省份将分到户的山林重新收回由集体统一经营。林业家庭承包经营取向的改革就此停止。山林集体所有集体经营再次成为我国集体林主要经营制度。

(二)市场经济转型期间山林集体所有集体经营模式的失败

1993 年十四届三中全会后，全国进入市场经济迅速发展阶段。1995 年原国家体改委和林业部联合下发《林业经济体制改革总体纲要》，推行林权市场化改革：允许流转集体宜林"四荒"地使用权；允许通过招标、拍卖、租赁、抵押、委托经营等形式使森林资源资产变现、开辟人工林活立木市场；允许投资者跨所有制、跨行业、跨地区到林区投资开发等。这一政策使实际拥有山林资源的以村委会为代表的村集体组织通过买卖青山、合作经营、林地租赁等方式解决入不敷出的村财政问题以及各种摊派，其中不乏中饱私囊的现象；形式公平的招投标等市场运作方式使山林资源流入具有投资能力的大户、木材商甚至国家机关工作人员手中，而获取采伐指标成为投资能力的关键考量因素，普通农民因此被排除在外；农村基层政府与林业部门也通过合作经营等方式获取一定的山林资源。林权市场化的运作促使村集体山林由最初的"四荒"拍卖、成熟林转让发展到中幼林、林地使用权的流转。而投资者投资目的在于获取林木收益，高达木材销售价格51%以上的林业税费和造林激励机制的缺乏导致投资者过度采伐林木，以及在采伐后大量抛荒。随着农村和林业税费改革以及木材市场的开放，林地、木竹价格开始上涨，农民对山林经营权的需求加大，但在投资能力无法与其他强势主体抗衡的情况下，农民只有通过上访、闹事甚至占地经营等方式主张诉求，社会矛盾因此加剧，集体林业面临经营困境。

（三）林业家庭承包经营制度的建立

2003年中共中央、国务院《关于加快林业发展的决定》和《农村土地承包法》实施后，以集体统一经营为主的福建、江西率先试行"以明晰产权，放活经营权，落实处置权，保障收益权"为主要内容的集体林权制度改革，取得了较为显著的成效。2007年，《物权法》将包括林地在内的农村土地所有权明确为"成员集体所有"、将农民土地承包经营权定性为用益物权。2008年，中共中央、国务院出台《关于全面推进集体林权制度改革的意见》，明确将耕地家庭承包经营制度延伸到林地中，并于2009年召开新中国成立以来的首次中央林业工作会议全面部署推进集体林权制度改革工作。2010年的中央一号文件进一步出台包括将林业纳入农业补贴范围在内的多项惠林政策，将林业家庭承包经营制度作为农村家庭承包经营制度的组成部分逐步建立。至此，以集体林权制度改革为契机、以家庭承包经营为基础的我国集体林经营制度得以确立并逐步建设。

三、家庭林地承包经营权的法律性质

《物权法》将土地承包经营权列在用益物权编之首，从法律性质上解决了之前的物权与债权之争，但"土地承包经营权"一章基本准用了《农村土地承包法》的内容，且没有沿袭《农村土地承包法》将家庭土地承包经营权和其他方式土地承包经营权分开立法的做法，造成学界和实践中将家庭土地承包经营权与其他方式土地承包经营权均视为用益物权。

土地承包经营权是我国农村土地家庭承包制改革的产物，在30年的改革实践中，在不同发展阶段，党和政府通过政策及随后的法律化赋予土地承包经营权不同的性质，从《民法通则》（1986）到《农村土地承包法》（2003）再到《物权法》（2007），同为"土地承包经营权"，其性质由一般合同债权过渡到具有物权化倾向的债权最终成为兼具成员权与用益物权双重性质的物权。

依法律解释学，当面对复数解释结果时，应综合文义解释、体系解释、历史解释乃至社会学解释等方法，方能作出符合立法宗旨的法律解释。事实上，对于有30年的历史且至今尚有很多问题没有清晰的土地承包经营权制度，仅凭文义解释或体系解释难以把握其真实含义，甚至误解或曲解法律真意。历史解释和社会学解释应该是最重要的分析方法，因此，应运用历史解释、社会学解释及体系解释方法，从土地承包经营权制度变迁与改革现实中探究土地承包经营权的制度宗旨，对《物权法》关于土地承包经营权的规定进行分析。

（一）从历史解释角度分析，《物权法》对土地承包经营权成员权与用益物权双重法律性质的确立是家庭承包制改革不断完善的制度性成果

历史解释"系指探究立法者或准立法者于制定法律时所作的价值判断及其所欲实现的目的，以推知立法者的意思。以此探求法律于今日所应有的合理意思"。因此，要准确解释《物权法》中土地承包经营权必须从土地承包经营权内涵与性质的历史演变中寻找答案。

土地承包经营权源于 20 世纪 70 年代末发源于民间后被中央认可的家庭联产承包责任制。1982 年"一号文件"要求把生产队与农户之间包产到户和包干到户的经济关系和双方的权利义务用合同形式确定下来，首次赋予农户一定的经营主体地位及收益权，1984 年"一号文件"规定 15 年以上的土地承包期，体现了党和政府赋予农民较长时期土地承包经营权的政策倾向，1985 年"一号文件"取消农副产品统购统销制度，农民进一步获得自由交易权。至此，在政策层面农民通过家庭承包获得对集体农用地的一定程度的经营、收益和处分权。1986 年的《民法通则》将该政策产权上升为法律产权，第二十七条规定"农村集体经济组织的成员，在法律允许的范围内，按照承包合同规定从事商品经营的，为农村承包经营户"，明确农村承包经营户的独立民事主体地位，第八十条第二款进一步提出"公民、集体依法对集体所有的或者国家所有由集体使用的土地的承包经营权，受法律保护。承包双方的权利和义务，依照法律由承包合同规定"，第三款"土地不得买卖、出租、抵押或者以其他形式非法转让"，同时最高人民法院《关于审理农村承包合同纠纷案件若干问题的意见》（1986 年）明确规定"承包人将承包合同转让或转包给第三者，必须经发包人同意，并不得擅自改变原承包合同的生产经营等内容，否则转让或转包合同无效"，结合同年颁布的《土地管理法》和最高人民法院《关于审理农村承包合同纠纷案件若干问题的意见》内容，这一时期的家庭土地承包经营权性质是合同债权，并具有两个特点：一是仅限于农户自营，不经发包人同意不得转让、转包经营权；二是允许发包方在"订立承包合同依据的计划变更或者取消、国家政策调整或承包方不履行合同义务"等 7 种情形下调整或收回承包地。因此，实践中，"三年一小调、五年一大调"现象普遍存在，家庭土地承包经营权处于极不稳定的状况。对此，1993 年中共中央、国务院在《关于当前农业和农村经济发展的若干政策措施》中提出"在原定的耕地承包期到期之后，再延长三十年不变，在承包期内增人不增地、减人不减地"，1998 年《土地管理法》修订时将此政策法律化，规定"土地承包经营期限为三十年。对个别承包经营者之间承包的土地进行适当调整的，必须经村民会议三分之二以上成员或者三分之二以上村民代表的同意，并报乡（镇）人民政府和县级人民政府农业行政主管部门批准"。延长承包期和严格承包地调整程序的政策与法律规定在一定程度上缓解了农地随意、频繁调整的现象，但合同债权的性质难以从制度根源解决家庭土地承包经营权受制于发包方的问题。

　　经过近 20 年的改革实践，1998 年中共中央《关于农业和农村工作若干重大问题的决定》总结了家庭联产责任制的改革经验，明确指出实行土地集体所有、家庭承包经营，并将此确定为我国农村长期坚持的一项基本经营制度，要求切实保障农户的土地承包权、生产自主权和经营收益权，确立农户自主经营的市场主体地位。1999 年宪法修正案将这一农村基本经营制度入宪。与此同时，《农村土地承包法》立法工作正式启动。《关于〈中华人民共和国农村土地承包法（草案）〉的说明》明确指出立法目的在于对家庭承包的土地实行物权保护，对其他形式承包的土地实行债权保护。据此，在土地承包期内（耕地为 30 年、草地为 30～50 年、林地为 30～70 年），除转为非农业户口和自然灾害严重毁损承包地外，家庭土地承包经营权可以对抗发包方调整与收回承包地的行为，即便是承包方给承包地造成永久性损害的，发包方也只能制止和要求承包方赔偿损失。但同时，《农村土地承包法》对家庭土地承包经营权还保留了较为明显的债权性质，主要体现在必须经过发包人的同意才能转让土地承包经营权。在此基础上 2007 年颁布的《物权法》赋予家庭土地承包经营权更为明确的物权性质：第一，家庭承包是农用地所有权总有性质的法律要求。《物权法》第 59 条明确规定"农民集体所有的不动产和动产，属于本集体成员集体所有"，并列举了依照法定程序由本集体成员决定的事项。依法理，这一规定按照总有性质设计农民集体所有权：所有物的管理、处分等支配权能属于团体，使用、收益等利用权能分别属于团体成员。也就是说，按照《物权法》关于农民集体所有权的规定，农民集体所有的农用地必须平等地分配给每个成员经营，"以人分地、以户经营"的家庭承包是实现成员集体所有权的有效路径。第二，由成员权派生的家庭土地承包经营权是一种用益物权。即在承包期内除不得改变土地所有权性质和用途外，具有对抗包括各级政府、部门以及发包方在内的任何第三人的权利：农民有权按照自己的意愿自营、流转或采取各种合作经营方式。对于侵犯农民成员权和土地承包经营权的行为，农民有权请求法院撤销[①]、返还承包的土地，并对造成损害的要求赔偿。

　　综上所述，在集体所有集体经营模式失败且不改变土地集体所有权性质的情况下，通过家庭联产承包责任制尝试确立成员间的产权界限，再经过政策调整及法律化进程，逐步强化与完善家庭土地承包经营权对内对外的排他性，是解决我国农用地产权困境、提高集体所有权体系效率的最有效路径。因此，《物权法》中的土地承包经营权是家庭承包制改革不断完善的制度性成果。

　　（二）从体系解释角度分析，《物权法》中的土地承包经营权指的是通过家庭承包取得的土地承包经营权

　　体系解释是通过法律规范与其他法律规范的关系以及在法律体系中的地位探究立法目的所作的法律解释。《物权法》将"土地承包经营权"一章列在用益物权编首，并在

---

　　① 《物权法》第六十三条第二款：集体经济组织、村民委员会或者其负责人作出的决定侵害集体成员合法权益的，受侵害的集体成员可以请求人民法院予以撤销。

该章第一条第一款将实行家庭承包经营制度作为其立法目的，意味着本章的法律规范主要调整家庭土地承包权法律关系，事实亦是如此，从第 125 条到第 133 条具体规定中，仅在最后一条规定其他方式土地承包经营权，就立法技术而言，这一条为本章的例外情形，其他条文中的土地承包经营权显然指的是通过家庭承包取得的土地承包经营权。进一步从土地承包经营权法律体系来看，《物权法》关于土地承包经营权的规定是对《农村土地承包法》的继承与完善，即在继承《农村土地承包法》对家庭承包实行物权保护，对其他方式承包实行债权保护的基础上，进一步明确家庭土地承包经营权的用益物权性质。

（三）从社会学解释角度分析，倘若赋予其他方式土地承包经营权用益物权性质必然导致其与成员集体所有权的冲突

社会学解释是通过对每一种解释可能产生的社会效果进行预测和衡量来选择更符合立法目的的解释。在运用历史解释和体系解释方法论证后，为了验证结论的正确性，不妨通过社会学解释方法，分析倘若赋予其他方式土地承包经营权的用益物权性质，会产生什么样的社会效果。如果现实中能够严格按照《农村土地承包法》关于其他方式的承包只限于"不宜采取家庭承包方式的荒山、荒沟、荒丘、荒滩等农村土地"，并能切实落实"经本集体经济组织成员的村民会议三分之二以上成员或者三分之二以上村民代表的同意"以及"本集体经济组织成员享有优先承包权"的规定，赋予其他方式土地承包经营权物权性质未尝不可，因为因此产生的承包地均为绝大多数本集体经济组织成员不愿经营的农用地，这样的土地占整个集体经济组织农用地的比例甚小，从法律上也是成员集体所有权行使的结果。

但在村民自治形式化、决策权仍由村干部掌握的绝大多数农村社区，赋予其他方式土地承包经营权物权性质势必诱使本应承包到户的农用地流失到少数成员以及非集体组织成员手中，进而引发其他方式土地承包经营权与农民成员权的冲突。在集体林权制度改革中，全国各地普遍存在农民强烈要求将已由其他经营主体经营的山林承包到户的现象，对于仅有合同的情况，预期均山、轮包等方式是较好的解决方法，但对于其他经营主体已取得林权证的情形，如诉诸法律，依照他物权优于所有权的物权规则，其他经营主体的用益物权优于农民成员权，农民成员权因此受到"合法"侵犯。因此，在现阶段，对于其他方式承包经营权还是采取债权保护方法为宜。

综合历史解释、体系解释和社会学解释，《物权法》纳入用益物权范畴的是家庭土地承包经营权，不包括也不应包括其他方式土地承包经营权。

四、其他方式林地承包经营权的法律性质

既然被《物权法》定性为用益物权的是家庭土地承包经营权，那么，其他方式土地承包经营权的法律性质应该根据《农村土地承包法》的规定。综合分析《农村土地承包法》第三章"其他方式的承包"的内容，可以归纳如下：

第一，其他方式的承包就是指不"按人分地、按户承包"，而是通过招标、拍卖和公开协商等方式承包，因此只适用于不宜采取家庭承包方式的荒山、荒沟、荒丘、荒滩等农村土地。法律之所以允许"四荒地"不采取家庭承包形式，是因为大多数农民不愿意承包"四荒地"，而为了防止村干部滥用职权将应该家庭承包的农用地进行招投标，该法第四十七条和四十八条分别规定"本集体经济组织成员享有优先承包权"、"发包方将农村土地发包给本集体经济组织以外的单位或者个人承包，应当事先经本集体经济组织成员的村民会议三分之二以上成员或者三分之二以上村民代表的同意，并报乡（镇）人民政府批准"。

第二，《农村土地承包法》第四十五条规定，以其他方式承包农村土地的，应当签订承包合同。当事人的权利和义务、承包期限等，由双方协商确定。据此，其他方式土地承包经营权是典型债权。多年农村实地调研结果显示，其他土地承包经营权债权性质符合实践需要。因为，在村民自治制度不健全的现行农村管理体制下，如果赋予其他方式土地承包经营权物权性质必然引发其他方式土地承包经营权与农民成员权的冲突。以正在全国推行的集体林权制度改革为例。在许多地方林改中，农民强烈要求承包已由其他经营主体经营的山林，虽然《中共中央　国务院关于全面推进集体林权制度改革的意见》指出了兼顾双方权益的解决思路，但最为棘手的是其他经营主体已经取得林权证的情形，如诉诸法律，依照他物权优于所有权的物权规则，其他经营主体的用益物权优于农民成员权。而已有经营主体的山林大多是本次改革前，在村民自治制度缺失或形式化情况下由实际控制山林资源的村委会逐步流失到大户、商人、企业甚至地方政府、部门及公务员手中，农民的成员权因此遭受"合法"侵犯。本次林权制度改革吸取历史教训，认真贯彻《物权法》关于成员集体所有和家庭土地承包经营用益物权的立法宗旨：70年的林地承包期是指依法通过家庭承包方式取得的林地承包经营权期限，不包括集体流转或其他方式承包等方式取得的林地使用权期限。其他方式承包应严格按照《农村土地承包法》第44条的规定，只有不宜采取家庭承包方式的荒山、荒沟、荒丘、荒滩等农村土地，才能采取其他方式承包，而且必须经本集体经济组织成员的村民会议2/3以上成员或2/3以上村民代表同意。

综上，其他方式土地承包经营权是债权，具有债权的一般特征：第一，其他方式土地承包经营权为相对权，合同双方只能向对方主张权利不得向合同以外的第三人主张权利。第二，其他方式土地承包经营权是有期限权利，不得设置无期限的土地承包经营权。第三，任何一方违约都应承担违约责任。

第四章　林权流转制度

第一节　林权流转的内涵和基本原则

一、林权流转的内涵

(一)林权流转的概念

林权流转是林权权利人依法将其林权的全部或部分通过一定方式有偿转移给另一方的行为。林权流转是盘活森林资源、把森林资源转化为林业资本，促进林业向规模化、集约化和区域化方向发展，最终实现现代林业和农民增收目标的重要途径。完备的林权流转制度是引导流转行为规范有序进行、减少林权流转纠纷、保护林权流转各方当事人的合法权益的重要保障。林权是以林地和林木为基础形成的权利束，包括：国有林地所有权和使用权、国有林木的所有权和使用权；集体林地所有权和使用权、集体林木的所有权和使用权；公民或组织的林地使用权、林木所有权和使用权。根据《土地管理法》规定，我国的土地权属遵循二元结构模式，或属于国家所有，或属于集体所有。受土地公有制基本制度的制约，包括林地在内的土地所有权不能买卖、出租、抵押或者以其他形式流转，因此，无论是国有林地所有权还是集体林地所有权均不能流转。同时，2007 年国家林业局《关于进一步加强森林资源管理促进和保障集体林权制度改革的通知》规定："各类国有森林资源在国家没有出台流转办法前，一律不准流转"，国有林地使用权、国有林木所有权和使用权暂时也不能成为林权流转的客体。鉴于此，目前林权流转的客体包括林地使用权、林木所有权和林木使用权，既包括集体权属的，也包括个人权属的，其中，林地使用权的典型形式是林地承包经营权。相应地，林权的流出方主要是农村集体经济组织和农户，流入方则更为丰富，包括普通农户、林业大户、公司等林业经营者(在"反租"的情形下，农村集体经济组织也可以是林权流入方)。

(二)林权流转的主要类型

1. 农户间的林权流转

主要是农户由于自身原因(如出外打工或分到的山林处于深山或过于分散不便经营等)，将林地承包经营权流转给其他农户的行为。实践中，这类林权流转的特点是：

①主要发生在同村农户间，异村农户间流转的主要是地处外村的插花山。②一般以合同的形式（包括口头合同）进行流转，由于流出方和流入方常常是亲戚或熟人，是典型的关系契约，所以流转后不进行林权变更登记的较多。

2. 农户与村集体之间的林权流转

这一类型的林权流转表现为两种情况：一是村集体组织通过招投标、拍卖的方式，将统管山的林地使用权（及林木所有权和使用权）流转给本村或外村的林业大户，但是，根据《农村土地承包法》第 48 条的规定，如果流转给外村的农户，应当事先经本集体经济组织成员的村民会议三分之二以上成员或者三分之二以上村民代表的同意，并报乡（镇）人民政府批准。二是农户将林地承包经营权反租给农村集体经济组织，或者本村多家甚至全村农户将到户的林地承包经营权委托给村集体组织经营。

3. 农户与公司之间的林权流转

这一类型的林权流转主要有三种情形：一是农户在一定期限内将林地承包经营权转移给公司，按流转合同享有利润分成或租金收益。二是公司提供资金、技术或其他优惠措施将农户的林地成片集中形成基地，林地仍由农户经营，合同期内，由公司对农户的林产品验收后按约定价格收购。三是农户将林木使用权和部分林地承包经营权流转给公司，公司依合同约定支付租金，以此为对价在一定期限内取得农户的林地使用权和林木使用权，常见的是开发森林旅游，农户仍可以在不影响公司行使林地使用权和林木使用权的前提下，继续经营林地。

4. 农村集体经济组织与公司之间的林权流转

这一类型的林权流转是指经村民会议三分之二以上成员或者三分之二以上村民代表的同意，并报乡（镇）人民政府批准后，农村集体经济组织通过招投标、拍卖的方式将集体统管山流转给公司。

5. 农户将林木所有权转让给木材商

这一类型的林权流转是指农户受采伐指标不易得、采伐成本高、劳动力不足等因素限制，将进入主伐期的林木所有权（即活立木）转让给木材商。

二、林权流转的基本原则

林权流转的基本原则是指反映林权流转本质，在林权流转过程中起着根本指导作用，贯穿于林权流转制度的制定及执行始终的总规则。林权流转具体制度的制定与执行，不得与林权流转基本原则相违背，当林权流转具体制度缺位时，林权流转基本原则可以起到拾缺补遗的作用。依据《合同法》、《森林法》和《农村土地承包法》，林权流转应遵循以下原则：

（一）平等原则

林权流转的双方当事人是一种合同之债的关系，《合同法》第 3 条规定："合同当事人的法律地位平等，一方不得将自己的意志强加给另一方"，这意味着林权流转的双方当事人是平等主体，没有高低、从属之分；双方关于林权流转的权利义务对等；林权流转的双方当事人可就林权流转合同的条款充分协商，达成意思表示一致，最终缔结林权流转合同，任何一方都不得凌驾于另一方之上，不得把自己的意志强加给另一方，更不得以强迫命令、威胁等手段签订合同。林权流转双方当事人法律地位平等是自愿原则的前提。

（二）自愿原则

自愿原则既表现在林权流转双方当事人之间，也表现在流转双方当事人与其他人之间。《合同法》第 4 条规定："当事人依法享有自愿订立合同的权利，任何单位和个人不得非法干预"，这意味着订不订立流转合同、与谁订立流转合同、订立流转合同的形式、内容以及变更不变更合同，都由林权流转双方当事人自愿决定。在以"反租倒包"形式流转林权的情形下，坚持自愿原则尤为必要。所谓"反租倒包"，是指农村集体经济组织将承包到户的林地通过租赁形式集中到集体（反租），进行统一规划和布局，然后将林地的使用权通过市场的方式承包给林业经营大户或者从事林业经营的公司（倒包）。如果充分尊重农户的意愿，"反租倒包"不失为政府引导、村集体组织的解决林地细碎化问题的一种制度创新，但是如果农村集体经济组织反租不成后，违背农户的意愿，强迫农户流出或低价流出林地承包经营权，那么，"反租倒包"可能会沦为农村集体经济组织非法收回林地的手段。

（三）公平原则

依据《合同法》第 5 条的规定，林权流转双方当事人应当遵循公平原则确定各自的权利和义务。林权流转一方当事人的给付与另一方当事人的给付要等值，林权流转合同上的负担和风险要在双方当事人之间合理分配。公平原则既表现在订立林权流转合同时，显失公平的合同可以撤销；也表现在发生林权流转合同纠纷时要公平处理，既保护守约方的合法利益，也不能使违约方因较小的过失承担过重的责任；还表现在因情势变迁，履行合同使当事人之间利益重大失衡时，公平地调整林权流转当事人之间的利益。在农户与公司之间的林权流转中，由于农户与公司在市场信息和财产拥有量方面相差悬殊，农户在交易中处于弱势地位。实践中，公司常常利用其优势地位，在签订流转合同时压低流转价格，享有的权利多，承担的责任少。因此，对于这一类型的林权流转，遵循公平原则订立和履行流转合同，是保护农户合法权益的重要保障。

（四）不改变林地用途原则

林地必须用于林业发展和生态建设，不得擅自改变用途。《森林法》第 15 条规定："下列森林、林木、林地使用权可以依法转让，但不得将林地改为非林地"；《农村土地承包法》第 33 条也规定，林地承包经营权流转不得改变林地用途，不得在流转后将林地变为其他农用地或建设用地。需要改变林地用途的，必须经过法律规定的权限和程序进行批准。

(五)林业主管部门依法监管原则

林权流转是市场行为，林权流转的市场化是实现林木林地资源有效配置的客观要求。但是，由于存在市场失灵，如机会主义、资源破坏、社会分配不公等，市场机制很难保障效率与公平，为弥补市场失灵的缺陷，政府应当对林权流转加以监管，对流转行为进行有效干预，规范和保障林权流转。例如，指导林权流转合同的签订，规范流转合同，减少流转纠纷的发生；监管林权流转后依法需变更登记的，当事人是否及时办理；监管林权流入方是否有改变林地用途的行为；监管林权流转后的流入方的林木采伐和更新造林行为等。当然，政府也会失灵，在林权流转监管中可能会越位或缺位，因此，政府对林权流转的监管应当依法进行，即在法律明确限定的政府行为边界范围内，对林权流转加以监管。林业主管部门是对林业生产和建设负有行政管理和指导义务与责任的单位。《森林法》第13条规定："各级林业主管部门依照本法规定，对森林资源的保护、利用、更新，实行管理和监督。"《森林法实施条例》第2条规定："森林资源，包括森林、林木、林地以及依托森林、林木、林地生存的野生动物、植物和微生物。"因此，各级林业主管部门具有依法管理林地的权力和职责，是林权流转监管的主体。

第二节　林权流转方式

依据《物权法》第128条、《森林法》第15条、《农村土地承包法》第37、49条以及2003年中共中央、国务院《关于加快林业发展决定》、2009年国家林业局《关于切实加强集体林权流转管理工作的意见》相关规定，在不改变林地用途的前提下，林地承包经营权人可依法对拥有的林地承包经营权和林木所有权进行转让、互换、出租、转包、入股、抵押或者其他符合有关法律或者国家政策规定的方式进行流转。流转期限不得超过承包期的剩余期限，流转后不得改变林地用途。集体统一经营管理的林地经营权和林木所有权的流转，要在本集体经济组织内提前公示，依法经本集体经济组织成员同意，收益应纳入农村集体财务管理，用于本集体经济组织内部成员分配和公益事业。

一、转让、互换

(一)林权转让、互换的含义

林权转让是指权利人依法将其拥有的未到期的林地林木所有权或使用权以一定的方式和条件移转给他人从事林业生产经营的行为。一般具有四个方面的特征：一是将林木的占有、使用、收益、处分权能或者将林地的占有、使用、收益等权能全部转移；二是对于通过承包经营方式取得的林地承包经营权，权利人放弃了承包期届满前继续承包经营的权利；三是林地所有权人不变，林地使用权受让人与林地所有权人建立新的承包关系；四是林地承包经营权的受让对象可以是本集体经济组织的成员，也可以是本集体经济组织以外的单位或者个人。

林地承包经营权互换是指承包方之间为方便经营或者各自需要，对属于同一集体经济组织的林地承包经营权进行交换的行为。也就是林地承包经营权人将自己的林地承包经营权交换给他人行使，自己行使换来的林地承包经营权，承包期届满继续承包经营的权利也相互交换。互换实质上是"以权换权"的转让方式，但互换对象是本集体经济组织实行家庭承包经营的农户，目的是便于经营和更好地管理、开发和利用。互换在农村土地承包经营中多见，大多采取经济补偿方式进行，可以较好地解决因地理位置而造成生产经营不便的问题。

（二）林权转让、互换的条件

对于农户林地承包经营权转让，应当经发包方同意。《农村土地承包法》规定，采取转让方式流转的，应当经发包方同意。这是因为农户通过家庭承包经营方式取得林地承包经营权，具有生活保障性质，转让林地承包经营权，使得原有的承包关系终止，也就是农户失去了土地。所以，规定应当经发包方同意，确保农户必须有稳定的非农职业或者有稳定的收入来源。同时，发包方与受让方要确定新的承包关系，特别是将林地承包经营权转让到本集体组织之外的单位或个人，需要了解受让方是否符合法律规定的主体资格和具有承包经营林业的能力，确保承包经营义务的履行。对于林地承包经营权互换，不涉及丧失林地承包经营权。因此，不要求事先经发包方同意，但由于权利交换后，原有的发包方与承包方的关系，变为发包方与互换后的承包方的关系，双方的权利义务同时做出相应的调整。因此，互换林地承包经营权应当报发包方备案。

对于集体经济组织直接转让林地使用权和林木所有权的，要依法经本集体经济组织成员同意。中央 10 号文件规定，集体统一经营管理的林地经营权和林木所有权的流转，要在本集体经济组织内提前公示，依法经本集体经济组织成员同意，收益应纳入农村集体财务管理，用于本集体经济组织内部成员分配和公益事业。这是因为集体经济组织的林地林木属于成员集体所有，应当依法实行承包经营制度，采取直接转让林地使用权和林木所有权，必然损害本集体经济组织成员的合法权益，所以应当通过村民会议等相关程序，体现大多数成员的意愿。对于流转到本集体经济组织以外的单位或者个人，还要参照《农村土地承包法》的规定，报乡（镇）人民政府批准。此外，集体林地林木流转是否需要资产评估，应当由村民会议决定。

（三）林权变更登记

对于林地承包经营权转让、互换，法律采用的是登记对抗主义。《物权法》第一百二十九条和《农村土地承包法》第三十八条规定，土地承包经营权采取转让、互换方式流转，当事人要求登记的，应当向县级以上地方人民政府申请登记。未经登记，不得对抗善意第三人。也就是说，转让、互换合同签订后不申请林权变更登记，合同有效，使用权仅在双方当事人之间有效，对于不知情的善意第三人无效，善意第三人仍可取得林地的使用权。根据《森林法实施条例》规定，改变森林、林木和林地所有权、使用权的，应当向所在地的县级林业主管部门申请登记，由该县级人民政府登记造册，核发证书，确认森林、林木和林地所有权、使用权。也就是说，林地所在地人民政府为登记机关，林业主管部门为受理机关。

林权变更登记申请，应当按照国家林业局《林木和林地权属登记管理办法》规定，提交相关申请材料：一是《林权登记申请表》；二是申请人身份证明；三是依法签订的合同等权属证明文件；四是省级林业主管部门规定要求提交的其他文件。

二、出租、转包

(一)出租、转包的含义

林地承包经营权出租是指权利人将林地承包经营权的权能，在承包期限内租赁给本集体经济组织以外的单位或者个人，从事林业生产经营的行为。林地承包经营权转包是指权利人将林地承包经营权的权能转交给本集体经济组织内部的其他农户承包经营的行为。转包与出租的主要区别是接包人为本集体经济组织内部的农户，转包仅适用于依照《农村土地承包法》规定通过家庭承包取得的林地承包经营权，其他林地使用权的流转不适用转包方式。

出租、转包是一种租赁的方式，一般具有四个方面的特征：一是只将林地林木的使用、收益权能转交给承租人或者接包人，出租人或者转包人的林权主体没有转移；二是对于通过承包经营方式取得林权的农户，农户与发包方的承包关系不变，农户与承租人或者接包方是合同约定形式的债权关系；三是一般采取收取租金或转包费的方式，实现林权收益的目的；四是租赁关系终止时返还林地及地上附着物的使用权。

(二)权利与义务

林地承包经营权出租、转包涉及林地所有权人的发包方、林地使用权人的承包方、承租方或接包方的三方当事人，两方面的法律关系。发包方与承包方之间的林地承包关系不变，也就是林地承包经营权主体没有发生改变，属于用益物权关系；承包方与承租或接包方是通过合同约定从事林业生产经营活动，属于合同债权关系。也就是说，林地林木出租、转包后，林地承包经营权的主体并没有发生变化，承包关系也并不是发包方与接包方或者承租方之间的关系，而仍然是原承包方与发包方的关系。如果出现承租方或接包方违反发包方与承包方合同约定的情况，林地承包经营权人仍要承担违约责任。反之，如果发包方有干涉正常的生产经营活动，或者不依照承包合同约定提供生产、技术、信息服务等行为，即使损害的是承租方或接包方的利益，发包方也应向原承包方承担法律责任。这种林权主体没有改变，承包方直接对发包方负责，承租方或者接包方向承包人履行合同并负责，此为出租、转包与转让的根本区别。

林地承包经营权出租、转包后，承租方或接包方与承包方是通过合同约定从事林业生产经营活动，林地承包经营权和林木所有权主体没有改变。因此，林地承包经营权出租、转包无需经发包方同意，也不涉及林权变更登记。但是，根据《农村土地承包法》第三十七条规定，林地承包经营权出租、转包合同需向发包方备案。对林地使用权主体没有改变，但林木所有权主体发生变化的，应当认定属于转让方式。

三、入　股

（一）入股的含义

林地承包经营权入股是指承包方将林地承包经营权量化为股份，自愿联合或组成股份公司、合作组织等经济实体，从事林业生产经营，收益按照股份分配的行为。其主要有三个方面特征：一是林权主体发生转移，即林权转为公司所有或者合作组织共同所有；二是林地林木资产估算量化为资本，以资本数量来确定所占股份；三是按股份比例获取营利的报酬或收入。这是与农民专业合作社等组织实行合作经营形式有着本质的区别。将林地承包经营权采取入股方式流转是提高规模化经营的重要途径，能有效解决单户经营中存在的一些问题，进一步提高经营效益。

（二）法律规定

《物权法》第一百三十三条规定："通过招标、拍卖、公开协商等方式承包荒地等农村土地，依照农村土地承包法等法律和国务院的有关规定，其土地承包经营权可以转让、入股、抵押或者以其他方式流转。"这里明确通过其他方式取得的林地承包经营权可以采取入股方式流转，但对于通过家庭承包方式取得的林地承包经营权是否可以采取入股方式流转，根据中央 10 号文件的规定，在不改变林地用途的前提下，林地承包经营权人可依法对拥有的林地承包经营权和林木所有权进行转包、出租、转让、入股、抵押或作为出资、合作条件。因此，我们认为，通过家庭承包经营方式取得的林地承包经营权和林木所有权也可以进行入股方式流转。

（三）林权登记

对于入股方式，事实上已经改变了林地使用权和林木所有权的归属，应当参照林权转让的有关林权登记规定，向林业主管部门申请林权变更登记。对于采取不转移林权的各类合作经营形式，如保持承包经营的农民林业专业合作社、订单生产的"公司＋农户"等合作经营，没有涉及林权转移，也就不存在林权变更登记了。

四、林权抵押

林权抵押是指权利人不转移对林地或林木资产的占有，将其作为债权担保的行为。也就是不转移林地或林木的占有、使用、收益和处分权能，通过依法设定抵押权的方式，限制债务人处置抵押资产，在债务人不履行到期债务或者发生当事人约定的实现抵押权的情形，债权人有权依照法律规定以该财产折价或者以拍卖、变卖该财产的价款优先受偿。

林地使用权和林木所有权还可以通过赠与、继承等民事行为进行流转，其受流转对象依照《民法通则》、《合同法》、《继承法》等有关法律法规的规定执行。对于涉及林权转移的，当事人可以依法申请林权变更登记。

第三节　林权流转合同签订与履行

一、林权流转合同的签订

（一）林权流转合同的订立、成立与生效

《合同法》第 2 条规定："合同是平等主体的自然人、法人、其他组织之间设立、变更、终止民事权利义务关系的协议"，林权流转合同是一种特殊的合同，是流出方依法将其林权的全部或部分通过一定方式有偿转移给另一方的合同。《合同法》第 13 条规定："当事人订立合同，采取要约、承诺方式"，依此规定，林权流转合同的订立包括要约和承诺两个步骤。要约是指流出方或流入方以缔结流转合同为目的，向对方当事人提出合同条件，希望对方当事人接受的意思表示。要约须具备以下条件：一是包括流转标的、流转价格在内的要约的内容须具体确定；二是要约须向相对人发出，且相对人一般为特定的人，特殊情况下才为不特定的人；三是要约以缔约为目的，一旦受要约人接受，要约人即受要约的约束。承诺是指作为受要约人的流入方或流出方同意接受要约的全部条件而缔结合同的意思表示。承诺须具备以下条件：第一，承诺须由受要约人作出；第二，承诺须在要约有效期或合理期限内向要约人发出；第三，承诺的内容必须与要约的内容相一致，不得对要约中规定的流转标的、数量、质量、价款或者报酬、履行期限、履行地点和方式、违约责任和解决争议方法等作出改变。林权流转合同订立过程结束后会有两种结果：一是流转双方当事人之间达成合意，即流转合同成立；二是流转双方当事人之间不能达成合意，即流转合同不成立，缔约失败。

合同订立是合同成立的基础和前提，没有合同的订立，也就不会有具体合同的成立。林权流转合同订立是流转双方当事人为订约而相互协商的动态过程，而林权流转合同的成立是流转双方当事人达成林权流转合意的静态结果。合同的成立是认定合同效力的前提条件，《物权法》第 15 条规定："当事人之间订立有关设立、变更、转让和消灭不动产物权的合同，除法律另有规定或者合同另有约定外，自合同成立时生效；未办理物权登记的，不影响合同效力"，林权流转合同一般自成立时生效。

（二）林权流转合同的形式

《农村土地承包法》第 37 条规定采取转包、出租、互换、转让或者其他方式流转林地承包经营权，流转双方当事人应当签订书面合同，2009 年国家林业局《关于切实加强集体林权流转管理工作的意见》亦规定林地承包经营权和林木所有权流转，当事人双方应当签订书面合同。可见，在当前的制度安排下，林权流转合同需采用书面合同形式。对于实践中农户间林权流转多采用口头形式流转合同的情形，依据《合同法》第 36 条的规定："法律、行政法规规定或者当事人约定采用书面形式订立合同，当事

人未采用书面形式但一方已经履行主要义务，对方接受的，该合同成立"，因此，这类口头林权流转合同可依法成立，应受《合同法》等法律保护。

(三)林权流转合同条款

林权流转合同条款即林权流转合同内容，是对流转合同当事人权利义务的具体规定。依据《农村土地承包法》、《合同法》以及国家政策的相关规定，林权流转合同应包括以下条款：

(1)流出方和流入方的名称或者姓名和住所。这是林权流转合同的必备条款，因为流出方和流入方是林权流转合同权利的享有者和义务的承担者。实践中，有联户承包林地经营的现象，在其流出林地承包经营权的情形下，应由联户的全体成员或联户成员推选的代表与流入方签订林权流转合同，并附有各户签名的授权委托书。

(2)流转的林地、林木的林地类型、坐落位置、面积及四至界线地形图、林种、树种、林龄、蓄积量、株数等。这是对林权流转标的物的约定，包括林地和林木，也是林权流转合同的必备条款。

(3)流转期限和起止日期。流转期限是流出方和流入方依法享有权利，承担义务的期间，流转期限直接关系到流转双方当事人权利义务的延续时间，关涉他们的利益，也是确定合同是否按时履行或者迟延履行的客观依据。在林地承包经营权流转的情形下，根据《农村土地承包法》第33条的规定，流转期限最长不得超过林地承包期的剩余期限，因此，在约定流转期限的同时，还需列明原有的林地承包期限。另外，为了明确林权流转合同权利义务的具体期间，合同中还要规定合同的起止日期。

(4)流转方式。林权可以采取转让、互换、出租、转包、入股、抵押或者其他符合有关法律或者国家政策规定的方式进行流转。不同的流转方式将影响流转主体、流转期限以及流转双方当事人的权利义务，因此林权流转合同中应标明流转方式，也可以通过合同的名称表明。

(5)流转林地的用途。依据《森林法》第15条和《农村土地承包法》第33条的规定，流转林地只能用于林业，不能改作其他用途。在林权流转合同中应列明流转林地的具体用途。

(6)流转价款及支付方式。林权流转价款是流入方在取得一定期限的林地使用权或林木所有权、使用权时，依照约定向流出方支付的实物或现金。除价款外，合同还应明确规定价款的支付方式，是一次性支付还是分期支付。流转期限较长的林权流转合同中，可对流转价款进行动态约定。

(7)流转双方当事人的权利和义务。流出方的权利主要是依照约定获得林权流转收益，在流转合同期满后收回相关林权；流出方的义务主要是确保流转的林权真实、合法、有效、准确，并依合同约定向流入方转移林权。流入方的权利主要是流入林地后，可按照法律规定和合同约定，自主开展林业生产经营活动。流入方的义务主要是及时支付流转价款，依法保护和合理利用森林资源，履行法律规定的防火和防治病虫害等义务。

(8)合同到期后林地上附着物及相关设施的处理。约定应尽量详尽，包括在流转期内因投入而提高林地生产能力的处理、在流转期内购建的林地上附着物及相关设施的处理、流转合同到期更新造林事项的处理。

(9)违约责任。这是指林权流转合同当事人一方或者双方不履行合同或者不依合同约定履行合同，依照法律的规定或者按照当事人的约定，应当承担的法律责任，例如支付违约金、赔偿损失等。违约责任是促使林权流转合同当事人履行合同义务，使对方免受或者减少损失的重要法律措施，也是保证合同履行的主要条款。

(10)解决林权流转争议的方法。林权流转双方当事人可以约定采用调解、仲裁、诉讼等方式解决未来可能发生的流转纠纷。

(11)当事人认为应当约定的其他条款。这是一个兜底条款，由林权流转合同当事人自主约定。

附：林地承包经营权转让合同示范本文

林地承包经营权转让合同示范文本

_____村_____组林地流字第____号

流出方(甲方)：　　　　　　　　　法定代表人：

流入方(乙方)：　　　　　　　　　法定代表人：

甲乙双方按照《中华人民共和国农村土地承包法》及有关法律法规和国家有关政策的规定，本着平等、自愿、公平的原则，经充分协商，订立本合同。

一、转让林地基本情况

序号	小地名	面积(亩)	四至界线				备注
			东	南	西	北	
1							
2							
3							

转让林地面积、四至以林权证上面积和附图为准。

二、林地的用途

转让后的林地必须用于林业三产，具体包括：

三、承包期限与转让期限的起止时间：

承包期限，从　年　月　日起至　年　月　日止。

转让期限，从　年　月　日起至　年　月　日止。

四、转让价格及支付方式和时间

本合同林地转让价格为每年　　　元，合计　　　元(可以进行动态约定)。乙方采取下列第　　种方式和时间支付：

1. 乙方采用现金方式支付，支付的时间为　　　　　。

2. 乙方采用实物方式支付，实物为　　　，支付时间为　　　。

五、双方的权利、义务

1. 转让后，乙方享有林地使用权和林木所有权，有权自主生产经营和处置林木及其产品。甲方确认上述转让给乙方的林地林木产权清晰，没有权属纠纷；不是甲方债务的抵押物。

2. 甲方有权按转让合同约定检查、监督乙方对林地的使用，有权制止乙方损害林地林木的行为；甲方应维护乙方的林地经营权，不得干预乙方正常的生产经营活动。

3. 乙方应依法采伐林木，不得自行或准许他人在承包林地内毁林开荒、采石、取土及其他破坏森林行为。

六、违约责任

双方应严格履行合同义务。如一方当事人违约，应向守约方支付违约金，违约金数额为　　　。如违约金不足以弥补守约方经济损失时，违约方应在违约金之外增加支付赔偿金。赔偿金的具体数额依具体损失情况确定。

七、其他条款

本合同未尽事宜，可经双方协商制定补充协议，依法订立的补充协议与本合同具有同等的法律效力。

合同生效后发包方终止与(承包方)甲方的承包关系，由乙方与(承包方)甲方确立新的承包关系。双方并就是否进行林权变更登记达成协议。

本合同一式四份，甲乙双方、发包方、县级林业主管部门(鉴证单位)各执一份。

甲方(签章)   乙方(签章)

签约日期：　　　年　　月　　日

鉴证单位(盖章)   鉴证人签名：

　　　　　　　年　　月　　日

附件：1. 流转林地附图；
　　　2. 甲方林权证复印件；
　　　3. 属集体经济组织转让的，甲方应提供集体经济成员会议讨论同意转让的表决记录复印件。

二、林权流转合同的履行

合同的履行是指合同规定义务的执行，它是合同目的实现的根本条件。林权流转合同的履行是流出方和流入方的履约行为，与其他合同一样，林权流转合同的履行应当遵循《合同法》的规定，具言之：第一，流出方和流入方应按照流转合同约定的标的、质量、数量，在适当的期限、地点，以适当的方式，正确而完全地履行各自的义务。第二，流出方和流入方不仅应适当履行自己的义务，而且应协助对方当事人履行其义务，因为只有债务人的给付行为，没有债权人的受领给付，合同的内容仍难实现。例如，将自己履行流转合同义务的情况及时通知对方当事人；为对方履行流转合同义务提供方便；协助对方履行流转合同义务，以使林权流转合同得以顺利履行。第三，依据情势变迁原则，林权流转合同成立后，因不可归责于流转双方当事人的原因发生了不可预见的情事变更，致使流转合同的基础丧失或动摇，若继续维护流转合同原有效力会显失公平的，可以变更或撤销林权流转合同。例如，随着经济社会的发展，流转期限较长的林权流转合同中原先约定的流转价款在当下明显不合理；林权流转合同中约定的流转价款支付方式明显不合理等。

鉴于林权流转合同的特殊性，林权流转合同在履行过程中还要注意以下几个问题：首先，流入方在林权流转合同履行期间对林地进行了大量的技术、资金等投入，提高了林地的生产能力，在林权流转合同到期时，流入方有获得补偿的权利，这可以增强流入方对林地投入的信心和积极性。其次，林权流转合同履行过程中，对于流入方擅自改变林地用途的行为，林业主管部门应加以监管。最后，在林权流转合同履行中流转林地被依法征用的，如果以转让和互换方式流转的，流入方可以获得相应的补偿。

第四节　法律责任

一、违约责任

违约责任由流入方和流出方在林权流转合同中约定，依据《合同法》的规定，违约责任的承担方式可以是继续履行、违约金、损害赔偿等。遇有不可抗力，无法继续履行林权流转合同的，可部分或全部免责。

二、侵权责任

《农村土地承包法》第 54 条第 3 款规定，发包方强迫或者阻碍承包方进行土地承包经营权流转的，应当承担停止侵害、返还原物、恢复原状、排除妨害、消除危险、赔偿损失等民事责任，并且，《农村土地承包法》第 61 条进一步规定：情节严重的，由上级机关给予直接责任人员行政处分；构成犯罪的，依法追究刑事责任。又据其第 68 条的规定，任何组织和个人擅自截留、扣缴土地承包经营权流转收益的，应当退还。

2014 年 11 月 1 日全国人大常委会修改的《行政诉讼法》第十二条第一款第（七）项，将公民、法人或者其他组织提起的"认为行政机关侵犯其经营自主权或者农村土地承包经营权、农村土地经营权的"诉讼纳入人民法院受理行政诉讼的范围。

三、违反法定程序流转林权的法律责任

农村集体经济组织、村民委员会或其负责人违反法定程序，擅自决定或以集体名义决定低价流转集体统管山的林地使用权或林木所有权，严重侵害集体成员财产权益的，依据《物权法》第 63 条的规定，受侵害的集体成员可以请求人民法院予以撤销。

四、林权流转后改变林地用途的法律责任

依据《农村土地承包法》第 60 条的规定，非法改变林地用途的，由县级以上地方人民政府有关行政主管部门依法予以处罚。同时，《森林法》第 44 条规定，违反本法规定，进行开垦、采石、采砂、采土、采种、采脂和其他活动，致使森林、林木受到毁坏的，依法赔偿损失；由林业主管部门责令停止违法行为，补种毁坏株数一倍以上三倍以下的树木，可以处毁坏林木价值一倍以上五倍以下的罚款。拒不补种树木或者补种不符合国家有关规定的，由林业主管部门代为补种，所需费用由违法者支付。

五、林权流转中滥伐林木的法律责任

《森林法》第 39 条规定，滥伐森林或者其他林木，由林业主管部门责令补种滥伐株数五倍的树木，并处滥伐林木价值二倍以上五倍以下的罚款。拒不补种树木或者补种不符合国家有关规定的，由林业主管部门代为补种，所需费用由违法者支付。构成犯罪的，依法追究刑事责任。

六、林权流转中违反更新造林义务的法律责任

依据《森林法》第 45 条的规定，流入方采伐林木后如果没有按照规定完成更新造林任务的，核发采伐许可证的部门有权不再发给采伐许可证，直到完成更新造林任务为止；情节严重的，可以由林业主管部门处以罚款，对直接责任人员由所在单位或者上级主管机关给予行政处分。

七、评估机构及其人员弄虚作假、徇私舞弊的法律责任

森林资源资产评估机构及其评估人员弄虚作假、徇私舞弊的，其评估行为无效，并依法进行处罚；构成犯罪的，依法追究刑事责任。

八、林业主管部门工作人员渎职的法律责任

依据《森林法》第 46 条的规定，林业主管部门工作人员在对林权流转进行监管的过程中滥用职权、徇私舞弊、玩忽职守的，构成犯罪的，依法追究刑事责任；尚不构成犯罪的，依法给予行政处分。

第五章　林权抵押担保制度

第一节　林权抵押担保概述

一、林权抵押担保的概念

抵押权是指债权人对于债务人或第三人不转移占有而提供担保的财产，在债务人不履行债务时，有权依法就担保的财产变价而优先受偿的权利。债务人或第三人为抵押人，债权人为抵押权人，提供担保的财产为抵押物。

根据《森林资源资产抵押登记办法（试行）》（以下简称《办法》）第二条和第三条的规定，森林资源资产抵押是指森林资源资产权利人不转移对森林资源资产的占有，将资产作为债权担保的行为。可用于抵押的森林资源资产为商品林中的森林、林木所有权和林地使用权。

林权抵押是指债务人或者第三人以其森林、林木所有权和林地的使用权为抵押物抵押给债权人，当债务人不履行到期债务或发生当事人约定的实现抵押权的情形时，债权人有权就该抵押物优先受偿的一种法律制度。林权抵押的性质是权利抵押，设定抵押后，抵押人仍享有对抵押物占有、使用和收益的权利。

二、林权抵押担保的特征

（一）林权抵押是抵押权人行使林木、林地使用权的处分权能

林权抵押虽然具有债权的属性，但仍属于物权的范畴。林地以家庭承包形式分山到户，农户在承包期内除不得改变林地所有权性质和用途外，具有对抗包括各级政府、部门以及发包方在内的任何第三人的权利，农民有权按照自己的意愿自营、流转或采取各种合作经营方式。对于侵犯农民成员权和土地承包经营权的行为，农民有权请求法院撤销、返还承包的土地，并对造成损害的要求赔偿。

根据物权理论，权利人可以对用益物权的处分包括转移权利和设定负担。而在用益物权上设定抵押是对其设定负担。《物权法》第一百三十三条规定，通过招标、拍卖、公开协商等方式承包荒地等农村土地，依照农村土地承包法等法律和国务院的有

关规定，其土地承包经营权可以转让、入股、抵押或者以其他方式流转。《物权法》奉行法律、行政法规未禁止抵押的财产均可抵押的原则，农户对林地承包经营权设定抵押符合法律规定，是行使其用益物权的权能。

（二）林权抵押是一种担保物权

抵押权是以担保债权为目的，即以确保债务的履行为目的的物权。林权抵押的产生与存在必须以一定的债权关系的发生与存在为前提和基础。林权抵押既不能与其所担保的债权分离而单独转让，也不能与其所担保的债权分离而作为另一个债权的担保。

（三）抵押人不转移林木所有权和林地使用权

不转移占有是指设定抵押后，抵押物仍在抵押人手中，即林权抵押人仍继续占有林木、林地。由于是不转移占有的抵押，抵押人能够继续占有和使用抵押物，充分发挥抵押物的使用价值。因此，林权抵押不能采用占有转移的公示方法，必须采用登记或其他方法进行公示。《担保法》第四十一条和第四十二条的规定，以林木抵押的，应当办理抵押物登记，抵押合同自登记之日起生效。《办法》第十五条规定，抵押人和抵押权人签订抵押合同后，抵押合同自登记之日起生效。

（四）林权抵押是以抵押财产的变价而优先受偿的权利

优先受偿是指债务人不履行债务时，债权人有权依法以抵押林木折价或者变卖、拍卖该财产的价款优先受偿。林权抵押的优先受偿是抵押物作为担保物的特性，这种优先性是指债务人不履行债务时，将抵押物变价，使抵押权人就抵押物变价后的价值而优先于其他债权人受偿。

三、林权抵押担保不同于一般的权利抵押

（一）设定抵押期限与林地使用权年限有关

在我国，林地以家庭承包形式分山到户，农户在承包期内有权按照自己的意愿自营、流转或采取各种合作经营方式。根据《办法》第六条规定，森林资源资产抵押担保的期限，有抵押双方协商确定。属于承包、流转的，最长不得超过承包合同规定的使用年限减去已承包、流转年限的剩余年限；属于农村集体经济组织将未发包的林地使用权抵押的，最长不超过70年。因此，林权抵押人以林木、林地设定抵押的不得超过相关限制性规定。

（二）抵押后不得改变林地属性和用途

《办法》第八条第四款规定，森林或林木资产抵押时，其林地使用权必须同时抵押，但不得改变林地的属性和用途。林权抵押人以其森林资源资产抵押不得违背对林地属性和用途的限制性规定。

（三）合法有效的林权证是林权抵押的权利证明

《办法》第十五条规定，抵押人和抵押权人签订抵押合同后，应持林权证向森林资源资产抵押登记部门申请办理抵押登记，抵押合同自登记之日起生效。因此，林权证

是抵押人进行林权抵押贷款的权利证明，林改要求分山到户并发证是确保农户对林地承包经营权的法律性和实效性。

四、林权抵押担保的意义

林地承包经营权作为一项用益物权，从理论上说是农户用于担保的最可靠的标的物。集体林权制度改革将集体林地经营权和林木所有权落实到农户，确立了农民的经营主体地位，有利于充分调动和激发农民发展林业生产的内在积极性。但林业生产周期长、投资大的特点，需要大量资金的支持，农民对林地的投入和经营能力有限。因此解决林业发展的资金问题是实现农民致富的重要问题，也是集体林权制度改革的内在要求。林权抵押为农民致富和盘活森林资源资产开辟了一条新的融资渠道，是解决林业规模化经营资金难题的一剂良药。

第二节　林权抵押的设定与效力

一、林权抵押的设定

（一）林权抵押标的物

1. 森林、林木

《物权法》第一百八十条规定可以抵押的财产有建筑物和其他土地附着物；建设用地使用权；以招标、拍卖、公开协商等方式取得的荒地等土地承包经营权；法律、行政法规未禁止抵押的其他财产。《担保法》第三十四条规定可以抵押财产有抵押人依法有权处分的国有的土地使用权、房屋和其他地上定着物；抵押人依法承包并经发包方同意抵押的荒山、荒沟、荒丘、荒滩等荒地的土地使用权；依法可以抵押的其他财产。可见，《物权法》规定的可以抵押的物的范围比《担保法》规定的范围有所扩大。其中，其他土地附着物是指抵押人依法享有所有权的附着于土地之上的除房屋以外的不动产，包括抵押人所有的林木。比如，房前屋后属于公民个人所有的树木，公民个人在自留山、自留地和荒山、荒地、荒坡上种植的林木，集体所有的用材林、经济林、薪炭林，机关、团体、部队、学校、厂矿、农场、牧场等单位种植的林木等。

2. 林地使用权

林地使用权包括林地承包经营权，《物权法》第一百三十三条规定："通过招标、拍卖、公开协商等方式承包荒地等农村土地，依照农村土地承包法等法律和国务院的有关规定，其土地承包经营权可以转让、入股、抵押或者以其他方式流转"。《农村土地承包法》第四十九条规定："通过招标、拍卖、公开协商等方式承包农村土地，经依法登记取得土地承包经营权证或者林权证等证书的，其土地承包经营权可以依法采取转让、出租、入股、抵押或者其他方式流转。"《担保法》第三十四条第一款第五项中规定可以抵押的财产包括"抵押人依法承包并经发包方同意抵押的荒山、荒沟、荒丘、荒滩等荒地的土地使用权"。可见，通过招标、拍卖、公开协商等方式取得的林地使用权是可以进行抵押的。

抵押物上无权利瑕疵，抵押人有林权证。所谓的权利瑕疵是指所有权或用益物权瑕疵，即在抵押物上存在两个或两个以上的所有权或用益物权，这与物权法所要求的"一物一权"原则相违背。在林权抵押上，林权证在物权法上具有公示公信的效力。抵押时应注意抵押物的牵连关系，林地使用权抵押时，其地上附着物须同时抵押，但不得改变林地的属性和用途。

（二）林权抵押合同

1. 林权抵押合同的订立

合同的订立是指合同的当事人经过协商就合同的主要条款达成合议。根据《物权法》第一百八十五条第一款的规定："设立抵押权，当事人应当采取书面形式订立抵押合同。"当事人订立林地承包经营权抵押合同时，必须采取书面形式。

2. 合同的主要内容

《合同法》第十二条规定，合同的内容由当事人约定，一般包括当事人的名称或者姓名和住所；标的；数量；质量；价款或者报酬；履行期限；地点和方式；违约责任；解决争议的方法等合同条款。根据《物权法》和《合同法》的相关规定，林地承包经营权抵押合同一般应包括以下内容：

第一，抵押人、抵押权人、债务人的名称或姓名、住所。抵押可以由债务人以外的第三人提供财产以保障债权人权利的实现。因此，林地承包经营权抵押合同的抵押人既可以是主债权中的债务人，也可以是债务人以外的抵押人，但抵押人必须是该抵押林地的承包经营权人。

第二，被担保的主债权的种类和数额。一般来说，抵押责任有特定的范围，抵押合同中应当明确约定所担保的主债权的种类和具体数额。

第三，债务人履行债务的期限。债务没有到履行期限，债务人并无清偿的责任，债权人不能请求债务人履行债务。可见，抵押权的实现，必须等到债务人履行债务期限届满。因此，合同当中应明确约定债务人履行债务的期限，否则该抵押权无法实现。《森林资源资产抵押登记办法（试行）》第六条规定，森林资源资产抵押担保的期限，由抵押双方协商确定，属于承包、租赁、出让的，最长不得超过合同规定的使用年限减去已承包、流转年限的剩余年限；属于农村集体经济组织将其未发包的林地使用权抵押的，最长不得超过70年。根据《物权法》的规定，如果属于特殊情况，经国家林业主管部门批准，林地承包经营权延长超过70年的，应该不在此限。

第四，抵押的林地使用权或者承包经营权的内容。合同应当写明抵押的林地使用权或者承包经营权的林地名称、坐落、面积、质量等级，使用权或者承包经营权的期限，所有权、使用权或者承包经营权的权属等内容。根据《森林法》的规定，能够抵押的林地使用权只能是用材林、经济林、薪炭林的林地使用权，用材林、经济林、薪炭林的采伐迹地、火烧迹地的林地使用权，以及国务院规定的其他林地使用权。此外，抵押的林地上所生产的林木或林木的孳息，比如经济林生产出来的水果或其他经济作物，是否属于抵押所担保的标的物，要在合同中明确约定，以免事后发生纠纷。

第五，当事人的权利与义务。抵押人和抵押权人的权利义务内容由法律规定或当事人的约定，当事人的约定不得与法律的强制性规定冲突。

第六，违约责任。违约责任是指当事人不履行合同债务而依法承担的法律责任。违约责任的方式主要有继续履行、赔偿损失、违约金、定金罚则及其他方式。

第七，争议解决方式。争议解决方式是指当林地承包经营权抵押合同当事人就合同的履行发生纠纷时，解决纠纷的具体方式。解决纠纷的方式主要包括和解、调解、仲裁、诉讼以及行政手段解决。

第八，需要约定的其他事项。当事人认为需要约定的其他事项，也可以在合同中约定。例如当事人认为有必要对抵押权的实现方式、抵押物的变卖、拍卖方法进行约定的，则可以在合同中约定。对于违反法律规定的事项，当事人不得约定，例如约定抵押权人可以将该林地转化为非林业生产所用。

二、林权抵押的效力

（一）林权抵押担保的债权范围

《办法》第五条规定，森林资源资产抵押担保的范围由抵押人和抵押权人根据抵押目的商定，并在抵押担保合同中予以明确。根据《担保法》第四十六条的规定，抵押担保的范围包括主债权及利息、违约金、损害赔偿金和实现抵押权的费用；抵押合同另有约定的，按照约定。因此，林权抵押担保的范围首先应当按照抵押合同约定的范围来确定。如果当事人在抵押合同中没有特别约定的，则抵押担保的范围应包括主债权、利息、违约金和赔偿金、实现抵押权的费用。

（二）抵押当事人的权利与义务

1. 抵押人的权利与义务

抵押人享有如下权利：

（1）对抵押物的占有、使用、收益权。抵押设定后，除法律和合同另有约定外，抵押人在一般情况下仍然可以收取森林、林木、林地的孳息。

（2）抵押人对抵押物的处分权。抵押设定后，抵押人并不丧失对抵押物的所有权，抵押人有权将抵押物转让给他人。但是在抵押期间，抵押人转让已办理登记的抵押物的，应当通知抵押权人并告知受让人转让物已经抵押的情况。抵押人未通知抵押权人或未告知受让人的，转让行为无效。

（3）抵押人对抵押的森林、林木和林地使用权设定多项抵押的权利。依据《担保法》第三十五条第二款的规定，财产抵押后，该财产的价值大于所担保债权的余额部分，可以再次抵押，但不得超出其余额部分。因此，森林、林木或林地使用权抵押后，该抵押物的价值大于所担保债权的余额部分，可以再次抵押。

（4）对抵押物的出租权。抵押权设定后，由于抵押物仍然归抵押人所有，因此抵押人有权将已抵押的森林资源资产出租给他人使用，但抵押人将已出租的森林资源资产抵押后，应当书面告知承租人，原租赁合同继续有效。

抵押人的义务主要是妥善保管好抵押的森林资源资产。在抵押期间，由于抵押人继续占有林木和林地，因此抵押人应当负保管抵押的森林资源资产的义务，并采取各种必要的措施并防止抵押物的毁损灭失和价值减少。因抵押人的行为造成抵押物价值减少时，抵押人有义务恢复抵押物的价值，或者提供与减少的价值相当的担保。在抵押期间，抵押人不得在未通知抵押人或未告知受让人转让物已经抵押的情况下，将抵押物转让给受让人。

2. 抵押权人的权利与义务

（1）支配林权抵押物并排除他人侵害的权利。在抵押期间，如果林权抵押物受到抵押人或第三人的侵害，抵押权人对林权抵押物仍享有支配权。如果林权抵押物受到抵押人或第三人的侵害，抵押权人有权要求停止侵害、恢复原状、赔偿损失。如果因抵押人的行为使林权抵押物价值减少，抵押权人有权要求抵押人恢复林权抵押物的价值，或者提供与减少的价值相当的担保。

（2）优先受偿权。在债务人不履行债务时，抵押权人有权以抵押财产折价或以拍卖、变卖抵押物的价款优先于普通债权人受偿。

抵押权人的义务是实现林权抵押权时严格依据法定和约定的方式及程序，不得损害抵押人和其他人的利益。

第三节　林权抵押权的实现

一、林权抵押权实现的概念

林权抵押权的实现是指债权已届清偿期而没有清偿时，抵押权人就抵押的林权受偿的行为。抵押权的实现是发挥抵押的作用的方式和途径。《担保法》对抵押权的实现作了明确规定，包括抵押权实现的方式、债权清偿的程序、抵押物的拍卖制度等。

二、林权抵押权实现的条件

（一）抵押权有效存在

抵押权人须提出证明抵押权存在的法律文件，有效的抵押权的存在是抵押权实现的要件。有效的抵押权的存在是指林权抵押权依法成立，根据《物权法》的相关规定，不动产抵押权的生效采取登记生效的原则。

（二）债务人不履行到期债务

债务人未履行债务包括债务人决绝履行、迟延履行和不适当履行。如果债务人到期已履行债务，或者虽未履行，但依照法律和抵押合同的规定应免除责任的，则抵押权人不得行使抵押权，否则债务人提出抗辩。

（三）债务人的债务已届清偿期

在债务未到清偿期，债务人自然没有实现其抵押权的权利。只有在债务已届清偿期，债务人不履行债务时，抵押权人才可以实现其抵押权。

三、林权抵押权实现的方式

林权抵押不同于一般的物的抵押和权利抵押，由于林业生产的周期性和不稳定性，林权抵押带给权利人的收益有一定的风险性。这决定了以林地承包经营权为标的的抵押权有其独特性，相应的，其实现方式也有特殊性。

林权抵押的实现方式包括：

（一）转移抵押物占有并以抵押物的孳息清偿债务

即抵押权人在债务到期后，取得林地承包经营权，以自己代替原权利人行使的方式或采取雇佣他人经营、转包、出租的方式行使林地承包经营权，并在此基础上逐渐从年收益中扣除债务额。债权实现后再将林地承包经营权返还给原抵押人。

（二）直接取得林地承包经营权

即债务人不履行债务时，抵押权人与抵押人协商以转移林地承包经营权归抵押权人的方式抵偿债务。林地承包经营权的价格高于债权额的，抵押权应予以补差。

（三）公开拍卖方式

将林地承包经营权出卖给出价最高的人。

（四）当事人约定的其他方式

在满足抵押权人优先受偿基本效力的前提下，抵押人和抵押权人之间可自由约定权利的实现方式。只要这种约定能使双方的利益平衡，不违反法律和公序良俗。

四、影响林权抵押实现的风险

（一）抵押林木难以应对自然风险和市场风险，导致抵押物变现困难

由于分山到户和均山导致林地的经营细碎化，私有林难以集约化和规模化经营，较难进入市场。因此，私有林以林权抵押进行融资贷款时缺乏整体优势，交易成本增加。再加上林木生产的周期性和自然风险影响，可能导致林木资产变现困难。

（二）森林资源采伐限额制度影响林权抵押的实现

森林资源采伐限额制度可能影响林业经营者到林木采伐期因为没有指标而不能采

伐的现象，从而造成借款人不能按时还款。银行也难以实现其抵押权，可能存在损失的风险。

五、完善林权抵押的配套制度

（一）林权抵押担保制度

在林权抵押贷款的实践中，出现了金融机构惜贷现象。为防范和化解信贷风险，金融机构倾向于在抵押基础上，由第三方提供担保。福建永安的林权抵押贷款有"金融机构＋民间担保公司＋借款人"和"金融机构＋政府信用平台＋借款人"模式。这两种模式引入了担保机制，在进行林权抵押贷款时由民间担保公司和政府来为借款人提供担保，减轻了金融机构的贷款风险。

（二）森林采伐制度

我国执行严格的森林采伐制度。对于林权抵押来说，可能导致林木因没有采伐指标不能采伐，影响借款人按时还款，同时也是银行惜贷的原因之一。因此，对林权抵押的林木采伐指标进行与林权抵押相适应的改革，可以降低抵押权人的借贷风险，促进林权抵押的发展。

（三）林权抵押价值评估制度

对抵押价值的评估直接影响到抵押人可获得贷款的数额。我国已出台森林资源资产评估的相关立法并对森林资源资产评估做了详细规定。为保障评估的合法性和合理性，应完善评估的机构、队伍、评估技术标准等，提高评估人员的业务水平。同时，要加大对评估制度的宣传，使林权抵押的当事人充分了解评估的程序。

（四）林权抵押保险制度

建立林权抵押贷款的保险制度，针对林业抵御自然灾害或者市场风险的能力较弱的现实防范信贷风险，对保障抵押权人有效实现抵押权和推进林权抵押的发展有积极作用。一方面，鼓励保险公司开办林业保险业务，金融机构要开发适合林业特点的信贷产品，拓宽林业融资渠道。政府对林业保险要给予资金上的支持，加大林业信贷投放力度，完善林业贷款财政贴息政策，大力发展对林业的小额贷款。另一方面，扩大政策性林业保险范围，促进林业保险的持续发展。完善林业信贷担保方式，健全林权抵押贷款制度。

第六章　林权评估制度

第一节　林权评估的概述

　　林权评估工作是集体林权制度改革中重要的深化改革，伴随着森林资源资产交易行为的出现而产生。自从 2003 年开始集体林权制度改革以来，我国森林资源资产的产权交易行为增长迅速。集体林权制度改革的核心内容之一就是放活经营权，即允许林木所有者和林地使用者将其拥有的森林资源资产通过活立木市场或转包、出租、转让、入股等方式进行合理流转。只有放活了经营权，农民的处置权和收益权才能得到真正落实。而以转包、出租、转让、入股等方式流转林地承包经营权和转让林木所有权，必然涉及林地承包经营权和林木所有权的估价问题。森林资源资产评估为流转市场提供价值分析、估算服务，独立、客观、公正、科学的林权评估能够促进林权的评估价格向实际价值回归，对规范森林资源资产产权交易行为和程序，盘活森林资源资产存量，防止公有资产流失，保障务林人利益不受损失等都将起到重要作用。因此，在当前我国政府大力推进集体林权制度改革的背景下，林权评估显得越来越重要，其作用也越来越突出。

一、林权评估的概念

　　林权通常是森林、林木、林地的所有权和使用权。所有权即所有权关系，是法律所确认的，人们之间因对物质资料的占有、使用、收益和处分而发生的权利义务关系。林权的客体包括森林、林木和林地。在我国，森林和林地的所有权主体只能是国家和集体，林木的所有权主体可以是国家、集体和个人。作为集体林权制度改革中重要的深化改革，林权评估工作所涉及的主要是林地承包经营权人的林地承包经营权、林木所有权，以及集体经济组织的林地经营权和林木所有权的流转价格评估。林权流转价格评估在操作上是对所要流转林权的客体，即包括林木资产、林地资产等的森林资源资产的价值进行评估。

　　森林资源资产评估是指评估专业人员依据相关法律、法规和资产评估准则，在评估基准日，对特定目的和条件下的森林、林木、林地、森林景观资产，以及与森林资源相关的其他森林资源资产价值进行分析、估算，并发表专业意见的行为和过程。它是评估者根据被评估森林资源资产的实际情况、所掌握的市场动态资料和对现在和未来进行多因素分析的基础上，对森林资源资产所具有的市场价值进行评定估算的过程。

二、森林资源资产的概念

森林资源资产是在现有经营能力和管理水平条件下，通过进行经营利用，能给产权主体带来一定经济利益的森林资源。森林资源成为资产应具备三个基本条件：一是产权主体明晰；二是人们利用现有手段可控；三是能给经营主体带来经济利益。

国家国有资产管理局、林业部1996年12月16日发布并执行的《森林资源资产评估技术规范（试行）》第三条规定，森林资源资产主要包括森林、林木、林地和森林景观资产。2006年12月25日发布、2007年1月1日起施行的《森林资源资产评估管理暂行规定》的第三条拓展了森林资源资产的内容，包括森林、林木、林地、森林景观资产以及与森林资源相关的其他资产。

林木资产也称立木资产，指站立在林地上尚未被伐倒的树木（包括死的和活的），即活立木和枯立木的总称。林木资产评估的目的是估计特定区域内的林木在特定时间的价格，为林木的转让、抵押贷款、合股经营或拍卖提供依据。

林地，包括郁闭度0.2以上的乔木林地及竹林地、灌木林地、疏林地、采伐迹地、火烧迹地、未成林造林地、苗圃地和县以上人民政府规划的宜林地。在林地中具有资产属性的均为林地资产。林地资产评估的目的是估计特定区域内的林地在某个时间的使用权的价格，为林地使用权的出让、转让、出租、投资、合股经营、拍卖等提供依据。

森林景观资源是指具有游览、观光、休闲等价值的森林资源。森林景观资产是指通过经营能带来经济收益的森林景观资源，主要包括风景林（含森林公园）、森林游憩地、部分名胜古迹和革命纪念林、古树名木等。

三、需要进行林权评估的情形

需要进行林权评估的情形主要包括：转让森林资源资产；以森林资源资产作价出资进行中外合资、合作、股份经营或联营；以森林资源资产从事租赁经营；以林权或森林资源资产作抵押或进行拍卖；转让或出租林地使用权；征占林地及地上林木的拆迁补偿；公益林灾害损失的补偿；毁林案件的价值评估，等等。

《森林资源资产评估管理暂行规定》第九条规定，国有森林资源资产占有单位有下列情形之一的，应当进行资产评估：（一）森林资源资产转让、置换；（二）森林资源资产出资进行中外合资或者合作；（三）森林资源资产出资进行股份经营或者联营；（四）森林资源资产从事租赁经营；（五）森林资源资产抵押贷款、担保或偿还债务；（六）收购非国有森林资源资产；（七）涉及森林资源资产诉讼；（八）法律、法规规定需要进行评估的其他情形。对于非国有森林资源资产是否进行资产评估，由当事人自行决定，法律、法规另有规定的除外。

集体林权制度改革中的林权评估工作主要涉及非国有森林资源资产评估。《财政部、国家林业局关于印发〈森林资源资产评估管理暂行规定〉的通知》(财企[2006]529号)的有关规定为：非国有森林资源资产评估，凡金额在100万元以上的银行抵押贷款项目，应委托财政部门颁发资产评估资格的机构进行评估；金额在100万元以下的银行抵押贷款项目，可委托财政部门颁发资产评估资格的机构评估或由林业部门管理的具有丙级以上(含丙级)资质的森林资源调查规划设计、林业科研教学等单位提供咨询服务，出具评估咨询报告。

因此，对于集体林权流转所涉及的森林资源资产，并不是所有的都要请专业评估机构进行价格评估。特别对所涉金额较小的林权流转，根据农户的意愿，可以不必聘请专业评估机构对其进行评估。只要村组干部群众根据实践经验，按照相关程序和内容，切实公开、公正、公平地判断林木、林地的价格，也一定能够得到很好的反映其实际价值的评估价格，避免损害农民的利益。

四、林权评估的相关法律法规

为使资产评估科学化、规范化，国家及有关主管部门颁布了一系列相关法规和规范。主要包括：

(一)法　律

我国《公司法》、《证券法》、《拍卖法》、《合伙企业法》等法律均对资产评估作出规定，如《公司法》第二十七条规定：股东可以用货币出资，也可以用实物、知识产权、土地使用权等用货币估价并可以依法转让的非货币财产作价出资；但是，法律、行政法规规定不得作为出资的财产除外。对作为出资的非货币财产应当评估作价，核实财产，不得高估或者低估作价。法律、行政法规对评估作价有规定的，从其规定。这些法律主要从两个方面涉及资产评估行业，一是对何时需要进行资产评估进行规定；二是对评估机构、专业人员违反法律规定的罚则做出了规定。

(二)行政法规

国务院1990年颁布的《国有资产评估管理办法》(国务院第91号令)是我国第一个关于资产评估管理的行政法规。《办法》对资产评估的情形和范围作出规定，其规定的法定评估情形包括：资产拍卖、转让；企业兼并、出售、联营、股份经营；设立中外合资合作经营企业；企业清算；国家有关规定的情形。规定了国有资产评估范围包括：固定资产、流动资产、无形资产和其他资产。规定了国有资产评估的组织管理，包括国有资产评估项目的管理和评估机构的管理等。还规定了评估程序和评估方法，包括收益现值法、重置成本法、现行市价法、清算价格法及其他方法。

(三)部门规章

2004年2月25日财政部发布的《资产评估基本准则》是注册资产评估师执行各种

资产类型、各种评估目的资产评估业务的基本规范。除了这一评估行业的评估准则以外，直接规范森林资源资产评估的立法有：①1995 年林业部、国家国有资产管理局发布的《关于森林资源资产产权变动有关问题的规范意见（试行）》（林财字［1995］67号），主要涉及森林资源资产产权变动的原则及范围、森林资源资产产权变动的管理和森林资源资产评估管理。②1996 年国家国有资产管理局、林业部发布实施的《森林资源资产评估技术规范（试行）》（匡资办发［1996］59 号），主要规定了森林资源资产评估的原则、程序和基本方法等。③1997 年国家国有资产管理局、林业部发布的《关于加强森林资源资产评估管理工作若干问题的通知》（［1997］16 号）。④2004 年国家林业局发布的《森林资源抵押登记办法（试行）》（林计发［2004］89 号）。⑤2006 年财政部、国家林业局发布实施的《森林资源资产评估管理暂行规定》（财企［2006］529 号），主要规定了森林资源资产评估的评估范围、评估机构和人员、核准与备案等。⑥2008 年国家林业局发布实施的《森林生态系统服务功能评估规范》（LY/T1721—2008），主要规定了森林生态系统服务功能评估的体系和方法。⑦2009 年国家发展改革委、财政部发布的《资产评估收费管理办法》（发改价格［2009］2914 号）。

以上国家有关资产评估的相关法规和技术规范对规范森林资源资产评估行为，约束政府行为，避免人为随意干预，促进林木和林地流转，维护社会公共利益和资产评估各方当事人的合法权益将起到重要作用。

第二节　林权评估的基本原则和方法

一、林权评估的原则

1996 年 12 月 16 日，国家国有资产管理局、林业部发布的《森林资源资产评估技术规范（试行）》规定了森林资源资产评估必须遵循以下原则：

（一）基本原则

森林资源资产评估必须遵循公平性原则、科学性原则、客观性原则、独立性原则、可行性原则等基本原则。

（二）前提性原则

森林资源资产评估要遵循产权利益主体变动原则，即以被评估森林资源资产的产权利益主体变动为前提或假设前提．确定被评估资产基准日时点上的现行公允价值。产权利益主体变动包括利益主体的全部改变和部分改变及假设改变。

（三）操作性原则

森林资源资产评估要遵循资产持续经营原则、替代性原则和公开市场原则等操作性原则。

1. 持续经营原则

是指评估时需根据被评估森林资源资产按目前的林业用途、规模继续使用或有所改变的基础上继续使用，相应确定评估方法、参数和依据。

2. 替代性原则

是指评估作价时，如果同一森林资源资产或同种森林资源资产在评估基准日可能实现的或实际存在的价格或价格标准有多种，则应选用最低的一种。

3. 公开市场原则(公允市价原则)

是指森林资源资产评估选取的作价依据和评估结论都可在公开市场存在或成立。森林资源资产交易条件公开并且不具有排他性。

二、林权评估的方法

森林资源资产评估方法主要有：市价法，即以被评估森林资源资产现行市价或相同、类似森林资源资产现行市价为基础进行评定估算的评估方法；收益现值法，即通过估算被评估森林资源资产在未来的预期收益，并采用适宜的折现率折算成现值，然后累加求和，得出被评估资产价值的评估方法；成本法，即以被评估森林资源资产的重置成本为基础进行评定估算的评估方法；清算价格法，即根据林业企事业单位清算时森林资源资产的变现价格确定评估价的评估方法；经国家林业局、国家国有资产管理局认可的其他评估方法。

运用市价法进行资产评估，必须满足两个最基本的前提条件：一是要有一个充分发育、活跃的资产交易市场；二是参照物及其与被评估资产可比较的指标、技术参数等资料均可以通过正常渠道收集到。

运用收益法评估必须具备两个前提条件：一是被评估资产必须是能用货币衡量其未来收益的单项或者整体资产；二是资产所有者所承担的风险必须能够用货币来衡量。

森林资源资产评估应根据评估方法的适用条件、评估对象、评估目的，选用一种或几种方法进行评定估算，综合确定评估价值。选择评估方法时必须考虑以下三个因素：一是所选择的资产评估方法必须与所评估资产的价值类型相适应；二是所选择的资产评估方法必须与被评估对象相适应；三是评估方法的选择要受到可收集数据和信息资料的制约。

(一)林木资产评估方法

林木资产评估要根据不同的林种，选择适用的评估方法和林分质量调整系数进行评定估算，评估方法主要有：市价法(包括市场价格倒算法、现行市价法)；收益现值法(包括收益净现值法、收获现值法、年金资本化法)；成本法(包括序列需工数法、重置成本法)；清算价格法。

1. 各种评估方法介绍

(1)市价法：

①市场价格倒算法：是用被评估林木采伐后取得木材的市场销售总收入，扣除木材经营所消耗的成本（含有关税费）及应得的利润后，剩余的部分作为林木资产评估价值。其计算公式为：

$$E_n = W - C - F$$

式中：E_n——林木资产评估值；

　　　W——木材销售总收入；

　　　C——木材经营成本（包括采运成本、销售费用、管理费用、财务费用及有关税费）；

　　　F——木材经营合理利润。

②现行市价法：是以相同或类似林木资产的现行市价作为比较基础，估算被评估林木资产评估价值的方法。其计算公式为：

$$E_n = K \times K_b \times G \times M$$

式中：E_n——林木资产评估值；

　　　K——林分质量调整系数；

　　　K_b——物价指数调整系数；

　　　G——参照物单位蓄积的交易价格（元/立方米）；

　　　M——被评估林木资产的蓄积量。

（2）收益现值法：

①收益净现值法：将被评估林木资产在未来经营期内各年的预期净收益按一定的折现率折为现值，然后累计求和得出林木资产评估价值的方法。其计算公式为：

$$E_n = \sum_{i=n}^{u} \frac{A_i - C_i}{(1 + P)^{i-n+1}}$$

式中：E_n——林木资产评估值；

　　　A_i——第 i 年的年收入；

　　　C_i——第 i 年的年成本支出；

　　　u——经营期；

　　　P——折现率（根据当地营林平均投资收益状况具体确定）；

　　　n——林分的年龄。

②收获现值法：利用收获表预测被评估林木资产在主伐时纯收益的折现值，扣除评估后到主伐期间所支出的营林生产成本折现值的差额，作为林木资产评估价值的方法。其计算公式为：

$$E_n = K \times \frac{A_u + D_a (1 + P)^{u-a} + D_b (1 + P)^{u-b} + \cdots}{(1 + P)^{u-n}} - \sum_{i=n}^{u} \frac{C_i}{(1 + P)^{i-n+1}}$$

式中：E_n——林木资产评估值；

　　　K——林分质量调整系数；

　　　A_u——标准林分 U 年主伐时的纯收入（木材销售收入扣除采运成本、销售

费用、管理费用、财务费用、有关税费、木材经营的合理利润后的
部分）；

D_a、D_b——标准林分第 a、b 年的间伐纯收入；

C_i——第 i 年的营林生产成本；

u——经营期；

n——林分年龄；

P——利率。

在林木资源收获现值法下，未来收益的测算中将木材销售收入扣除采运成本、销售费用、管理费用、财务费用、有关税费、木材经营的合理利润后的部分作为其评估值，在以流转林木资源资产为目的评估中，此部分经营合理利润应当扣除，作为购买方利润的一种实现，而在企业将林木资源资产进行资本运作引入外来投资者的前提下，是否需要扣除经营合理利润十分值得商榷。对此部分合理利润的扣除，应根据评估目的和实际情况而定，而不能"一刀切"①。

③年金资本化法：是将被评估的林木资产每年的稳定收益作为资本投资的效益，按适当的投资收益率估算林木资产评估价值的方法。其计算公式为：

$$E_n = \frac{A}{P}$$

式中：E_n——林木资产的评估值；

A——年平均纯收益（扣除地租）；

P——投资收益率（根据当地营林平均投资收益状况具体确定）。

（3）成本法：

①序列需工数法：是以现时工日生产费用和林木资产经营中各工序的平均需工数估算林木资产重置价值的方法。其计算公式为：

$$E_n = K \times \sum_{i=1}^{n} N_i \times B \times (1 + P)^{n-i+1} + \frac{R[(1+P)^n - 1]}{P}$$

式中：E_n——林木资产评估值；

K——林分质量调整系数；

N_i——第 i 年的需工数；

B——评估时以工日为单位计算的生产费用；

P——利率；

R——地租；

n——林分年龄。

②重置成本法：是以按现时工价及生产水平，重新营造一块与被评估林木资产相类似的林分所需的成本费用作为被评估林木资产评估价值的方法。计算公式为：

---

① 王宏伟，霍振彬，赵建平. 对《森林资源资产评估技术规范》中若干问题的探讨［J］. 林业资源管理，2009（1）：31 - 34.

$$E_n = K \times \sum_{i=1}^{n} C_i \times (1 + P)^{n-i+1}$$

式中：E_n——林木资产评估值；

　　　K——林分质量调整系数；

　　　C_i——第 i 年以现时工价及生产水平为标准计算的生产成本，主要包括各年投入的工资、物质消耗、地租等；

　　　n——林分年龄；

　　　P——利率。

在会计核算基础较好，账面资料比较齐全，且账面历史成本与行业或地区的平均成本较为接近时，可采用历史成本调整法，即以投入时的成本为基础，根据投入时与评估时的物价指数变化情况确定被评估林木资产评估价值的方法。其计算公式为：

$$E_n = K \times \sum_{i=1}^{n} C_i \times \frac{B}{B_i} \times (1 + P)^{n-i+1}$$

式中：E_n——林木资产评估值；

　　　K——林分质量调整系数；

　　　C_i——第 i 年投入的实际成本；

　　　B——评估时的物价指数；

　　　B_i——投入时的物价指数；

　　　P——利率；

　　　n——林分年龄。

用重置成本法对一般资产评估时，既不考虑时间价值，也不考虑投入带来的未来收益。但森林资源资产因其自身的特点，幼龄林在采用重置成本法时既要考虑它的时间价值，又要考虑投入带来的未来收益。一方面，非速生丰产林一般经营周期很长，若仅考虑其重置成本不考虑其投入的时间价值，就会低估其内在的价值。另一方面，森林资源资产不管未来如何使用处理，它自身一直都在不断生长，不断增值，所以对于生长周期短的速生丰产林，有必要考虑它的未来收益对其价值的影响。

（4）清算价格法：

清算价格法先按现行市价法或其他评估方法进行估算，再按快速变现的原则，根据市场的供需情况确定一个折扣系数，然后确定被评估林木资产的清算价格。该方法适用于企事业单位破产、抵押、停业清理的林木资产评估。其计算公式为：

$$E_o = D_o \times E_w$$

式中：E_o——林木资产清算价格；

　　　D_o——折扣系数；

　　　E_w——林木资产评估价值。

2. 不同林种评估方法的适用

（1）用材林（含薪炭林）林木资产评估：一般按森林经营类型分龄组进行，并且要充分注意各龄组评估值之间的衔接。幼龄林一般选用现行市价法、重置成本法和序列需工数法；中龄林一般选用现行市价法、收获现值法。在使用收获现值法时必须要有能反映当地生产过程的生长过程表或收获表。在没有这些数表时，也可利用当地的调查材料，拟合当地的林木平均生长过程，以取得预测值；近、成、过熟林主要选用现行市价法中的市场价倒算法。

（2）经济林林木资产评估：一般选用现行市价法、收益现值法和重置成本法。在选用收益现值法时应考虑经济林经营的经济寿命期、各生长发育阶段的经济林产品的产量和成本的差异、经济寿命期末的林木残值。在选用重置成本法时应以盛产期前为重置期确定重置成本。进入盛产期后，还应根据收获年数确定调整系数（折耗系数）。

（3）竹林林木资产评估：一般选用现行市价法、年金资本化法，新造未成熟的竹林可采用重置成本法。在采用年金资本化法时必须考虑大小年对竹材和竹笋产量及经济收入的影响。

（4）防护林林木资产评估：防护林是以国土保安、防风固沙、改善农业生产条件等防护功能为主要目的的森林。防护林资产评估包括林木的价值和生态防护效益的评定估算，林木价值评估一般选用市价法、收益现值法和重置成本法。在选用收益现值法进行评估时必须以按防护林经营时所能获得的实际经济收益为基础。生态防护效益要通过实际调查确定标准和参数。

（5）特种用途林林木资产评估：特种用途林是以保存特种资源、保护生态环境、国防、森林旅游、科学实验等为主要经营目的森林。特种用途林资产主要指能带来经济收益的风景林、实验林、母树林、名胜古迹和革命纪念林等。

①实验林林木资产评估：实验林是以提供教学或科学研究实验场所为主要目的的森林。实验林资产评估一般选用现行市价法、收获现值法和收益净现值法。在采用收获现值法和收益净现值法时，收益的预测必须在满足原经营目的条件下进行。

②母树林林木资产评估：母树林是以培育优良种子为主要目的的森林。母树林林木资产评估一般参照经济林林木资产评估的方法进行。在估算时应充分考虑母树林木材价值较高的特点。

③风景林、名胜古迹和革命纪念林的资产评估按照森林景观资产评估方法进行。

（二）林地资产评估方法

林地资产评估是对某一时日一定面积林地使用权的价格进行评定估算。当林地使用权发生变动或其他情形需单独确定林地使用权的价格时，应进行林地资产评估。

1. 林地资产评估的主要方法介绍

（1）现行市价法：是以具有相同或类似条件林地的现行市价作为比较基础，估算林地评估值的方法。其计算公式为：

$$B_u = K \times K_b \times G \times S$$

式中：B_u——林地评估值；

　　　　K——林地质量综合调整系数；

　　　　K_b——物价指数调整系数；

G——参照物单位面积的交易价格（元/公顷）；

S——被评估林地的面积。

（2）林地期望价法：以实行永续皆伐为前提，从无林地造林开始计算，将无穷多个轮伐期的纯收益全部折为现值累加求和，作为林地的评估值。其计算公式为：

$$B_u = \frac{A_u + D_a(1 + P)^{u-a} + D_b(1 + P)^{u-b} + \cdots - \sum_{i=1}^{u} C_i \cdot (1 + P)^{u-i+1}}{(1 + P)^u - 1} - \frac{V}{P}$$

式中：B_u——林地评估值；

C_i——第 i 年投入的营林生产直接费用（包括整地、栽植、抚育等费用）；

A_u——现实林分第 U 年主伐时的纯收入（木材销售收入扣除采运成本、销售费用、管理费用、财务费用、有关税费、木材经营的合理利润后的部分）；

D_a、D_b——现实林分第 a、b 年的间伐纯收入；

u——经营周期；

V——年均营林生产间接费用（包括森林保护费、营林设施费、良种实验费、调查设计费、基层生产单位管理费、场部管理费用和财务费用）；

P——利率。

（3）年金资本化法：是将被评估林地资产每年相对稳定的地租收益作为资本投资收益，按适当的投资收益率估算林地评估值的方法。其计算公式为：

$$B_u = \frac{R}{P}$$

式中：B_u——林地评估值；

R——林地年平均地租收益；

P——投资收益率。

（4）林地费用价法：是以取得林地所需的费用和把林地维持到现在状态所需的费用来估算林地评估值的方法。其计算公式为：

$$B_u = A \times (1 + P)^n + \sum_{i=1}^{n} M_i \times (1 + P)^{n-i+1}$$

式中：B_u——林地评估值；

A——林地购置费；

M_i——林地购置后，第 i 年林地改良费；

n——林地购置年数；

P——利率。

当林地使用权有期限转让时，按以下公式计算林地使用权价格：

$$B_n = \frac{B_u[(1 + P)^n - 1]}{(1 + P)^n}$$

式中：B_n——林地使用权有期限转让价格；

B_u——林地评估值(使用权无期限转让评估值);

P——利率;

n——林地使用权转让年数。

林地资产评估应在应用以上基本方法的基础上,综合考虑林地的实际情况、林地供求关系、林地评估目的、价格政策及其他经济政策对林地价值的影响。

2. 不同林地种类评估方法的适用

林地资产评估方法中,现行市价法适用于各类林地资产评估;林地期望价法适用于用材林、薪炭林、防护林、疏林地、未成林造林地、灌木林地、采伐迹地、火烧迹地和国家规划的宜林地林地资产的评估;年金资本化法适用于林地年租金相对稳定的林地资产评估;林地费用价法一般适用于苗圃地等林地资产评估。

(三)森林景观资产评估方法

森林景观资产评估主要选择下列几种方法,同时结合景区评价等级和相关设施等进行综合评定估算。

1. 现行市价法

现行市价法是以相同或类似森林景观资产的市场价格作为比较基础,估算评估对象价值的方法。其计算公式为:

$$E = K \times K_b \times G \times S$$

式中:E——森林景观资产评估值;

K——景观质量调整系数;

K_b——物价指数调整系数;

G——参照物单位面积的市场价格(元/公顷);

S——被评估森林景观资产的面积。

2. 年金资本化法

年金资本化法主要适用于有相对稳定收入的森林景观资产的价值评估。其计算公式为:

$$E = \frac{A}{P}$$

式中:E——森林景观资产评估值;

A——年均纯收益;

P——投资收益率。

3. 条件价值法

条件价值法是通过对游客进行调查,获得森林景观资产评估值的评估方法。评估操作过程中需考虑以下两种情形:

运用条件价值法评估整个森林风景区的价值的主要步骤为:①进行游客调查,得出游客对该景区门票的平均愿意支付值;②以该平均愿意支付值作为合理的门票价格,计算出景区的年门票收入,加上其他经营项目的年预计收入,得出该景区的年总收入;

③年总收入扣除各种成本费用即得景区的年纯收益；④以年均纯收益除以适宜的投资收益率得出该森林风景区的评估值。

运用条件价值法评估旅游风景区中某一森林景观资产的主要步骤为：①计算出该风景区总的评估值；②进行游客调查，计算在没有某一森林景观的情况下，游客对门票的平均愿意支付值；③以该愿意支付值作为合理门票价格，计算出风景区的评估值；④风景区总资产评估值减去在没有该森林景观情况下的风景区评估值，即为该森林景观资产的评估值。

4. 重置成本法

重置成本法是用现有条件下重新取得与被评估对象相类似的森林景观资产所需的成本费用，作为被评估森林景观资产价值的评估方法。其重置价值主要考虑林木、林地和旅游设施的重置价值。计算公式为：

$$E = K \times \sum_{i=1}^{n} C_i \times (1 + P)^{n-i+1} + Q$$

式中：E——森林景观资产评估值；

$\qquad K$——景观质量调整系数；

$\qquad C_i$——第 i 年的营林投入，主要包括工资、物资消耗、管护费用和地租等；

$\qquad Q$——旅游设施重置价；

$\qquad P$——利率。

(四)林分质量调整系数和利率的确定

1. 林分质量调整系数 K 的确定

在林木资产评估中，由于林木和由林木组成的林分不是规格产品，它们的市场价格随着林木生长状态、立地条件及所处地理位置（地利等级）的不同而发生变化。各种评估方法测算出的评估值都是某一状态下的林分的价格。要将这些价格落实到每个具体的小班，就必须通过一个林分质量调整系数 K 将现实林分与参照林分的价格联系起来。K 值的大小对评估结果有较大的影响。

K 值的确定必须先考虑林分的生长状况、立地质量和经济质量（地利等级），分别求出各因素的调整系数 K_i，最后综合确定总的林分质量调整系数 K。可以用下式表达：

$$K = f(K_1, K_2, K_3, K_4)$$

（1）林分生长状况调整系数 K_1 和 K_2 的确定：K_1 和 K_2 通常以现实林分中主要的生长状态指标（株数、树高、胸径、蓄积等）与参照林分的生长状态指标相比较后确定。参照林分即当地同一年龄平均水平的林分（在各种成本法计算中），或收获表上的林分（在收获现值法中），或交易参照林分（现行市价法中）。

在幼龄林和未成林造林地的林木资产评估中，以株数保存率（r）和树高两项指标确定调整系数 K_1 和 K_2。当 $r \geq 85\%$，$K_1 = 1$；当 $r < 85\%$，$K_1 = r$。$K_2 =$ 现实林分平均树高/参照林分平均树高。

在中龄林以上林分林木资产评估中，以单位面积蓄积和平均胸径两项指标确定 K_1

和 K_2。

$$K_1 = 现实林分单位面积蓄积/参照林分单位面积蓄积$$

$$K_2 = 现实林分平均胸径/参照林分平均胸径$$

在经济林林木资产评估中，以经济林产品的产量为指标确定 K_1，采用重置成本法时用产果的年数确定 K_2。

$$K_1 = 现实林分单位面积产量/参照林分单位面积产量$$

$$K_2 = 1 - 现实林分已收获年数/林分正常可收获总年数$$

（2）林分立地质量调整系数 K_3 的确定：林分立地质量通常按地位指数级，地位级或立地类型确定。

$$K_3 = \frac{评估对象立地等级的标准林分在主伐时的蓄积}{参照林地立地等级的标准林分在主伐时的蓄积}$$

（3）地利等级调整系数 K_4 的确定：地利等级是林地的采、集、运生产条件的反映，一般用采、集、运的生产成本来确定。地利等级调整系数可按现实林分与参照林分在采伐时立木价（以倒算法估算）的比值来计算。即：

$$K_4 = 现实林分主伐时的立木价/参照林分主伐时的立木价$$

进行森林景观资产评估时，景观质量调整系数需考虑景观等级、景区年收入、年游客人数等因子综合确定。

2. 利率的确定原则

货币具有时间价值，森林资源资产的经营由于其经营周期长达数十年，在其经营成本中所投入资金的时间价值——利息，通常占经营成本的绝大部分，利率的高低将对评估结果产生极大的影响。

资金市场上的商业利率由经济利率、风险率和通货膨胀率三部分构成。森林资源资产评估中涉及的成本均为重置成本，即现实物价水平上的成本，其收入与支出的物价是在同一个时点上，不存在通货膨胀因素，因此，森林资源资产评估中采用的利率仅含经济利率和风险率两部分。

经济利率也称纯利率，随资金市场的供需关系而变化。在允许资金自由流动的条件下，经济利率是相当稳定的，近百年来随着货币资本的积累，经济利率在缓慢地下降。世界上许多国家确定经济利率的方法是，将一个稳定的政府发行国债的年利率（风险率为0）扣除当年的通货膨胀率，剩余部分则为经济利率，大约为3.5%，我国政府政策性贷款利率也接近这个水平。营林生产的风险主要由造林失败、火灾、病虫害、风灾、雪灾、旱灾等自然灾害及人畜破坏产生，根据营林生产的实际，商品林经营中年风险率一般不超过1%。

森林资源资产评估中的利率必须根据当地森林经营的实际，慎重确定。考虑森林资源资产经营纯收益率不高，确定利率时宜参照国际平均水平和国家森工基建基金贷款利率水平。

第三节　林权评估机构和评估体系

一、评估机构

1998 年 8 月 18 日，财政部下发了《关于开展全国资产评估行业清理整顿工作的通知》(财评字[1998]101 号)，决定自 1998 年 9 月起到 12 月底在全国开展资产评估行业清理整顿工作，明确要求各资产评估机构要在清理整顿的基础上，与挂靠或主办单位在人员、财务、职能、名称、机构性质五个方面进行彻底脱钩，经验收合格并认定具有执业资格的注册资产评估师及相应的资产评估机构，由省级以上资产评估行政主管部门颁发财政部统一制定的执业证书。

1999 年 3 月 25 日，财政部印发了《资产评估机构管理暂行办法》(财评字[1999]118 号)，明确财政部是全国资产评估行政主管部门，对资产评估机构实行资格管理，资产评估机构实行 A、B、C 三级管理。资产评估机构由注册会计师出资设立，可以设立合伙制资产评估机构(名称为×××资产评估事务所)，也可以设立有限责任公司形式的资产评估机构(名称为×××资产评估有限公司)。并规定了成立合伙制资产评估机构和有限责任公司形式资产评估机构的具体条件。具备条件的资产评估机构由财政部或省、自治区、直辖市及计划单列市财政厅(局)授予资格并办理资产评估资格证书。资产评估机构取得资格证书后方可执业。

118 号文件下发后，由于林业部门成立的一些专职森林资源资产评估机构成立时间较晚，人员资质条件多数达不到财政部 118 号文件要求，加上森林资源资产评估市场尚未发育成熟，同时从事森林资源资产评估的林业技术人员多数也不愿意离开所在单位专门从事森林资源资产评估工作，导致林业部门成立的资产评估机构无法通过审批和年检，有的自行消亡、有的不得不并入综合评估机构，给森林资源资产评估的发展带来很大影响。

2003 年 12 月，国务院办公厅转发了《财政部关于加强和规范评估行业管理意见的通知》(国办发[2003]101 号)，明确在全国设置注册资产评估师、注册房地产估价师、土地估价师、矿业权评估师、保险公估从业人员和机动车鉴定估价师六类资产评估专业资格。

2005 年 5 月，财政部以 22 号令印发《资产评估机构审批管理办法》，明确财政部为全国资产评估主管部门，依法负责审批管理、监督全国资产评估机构，统一制定资产评估机构管理制度。资产评估机构组织形式为合伙制或有限责任公司制，合伙制资产评估机构的基本条件为：由 2 名以上符合规定的合伙人合伙设立；有 5 名以上注册资产评估师(含合伙人)；合伙人实际缴付的出资为人民币 10 万元以上；公司制资产评估机构的基本条件为：由 2 名以上符合规定的股东出资设立；有 8 名以上注册资产评估师(含股东);注册资本为人民币 30 万元以上。资产评估机构依法从事资产评估业务,不受行政区域、行业限制,任何组织和个人不得非法干预。

国办[2003](101)号文件及财政部 2005 年 22 号令的颁布,使专职森林资源资产评估机构和人员从专业资格上、机构设立上都遇到了政策性障碍,给开展森林资源资产评估工作带来了很大影响。

在目前的实践中,参与林权评估的机构除了具备资质的资产评估机构和社会中介组织,各地农村土地流转服务中心和林权管理服务中心也承担了林权评估的职能,使得我国形成了社会中介组织、农业主管部门和林业主管部门下设机构共同参与林权评估的局面,这是林权流转有形市场发展过程中土地流转服务中心和林权管理服务中心功能定位的阶段性表现。

2006 年 12 月 25 日,财政部、国家林业局印发的《森林资源资产评估管理暂行规定》第十二条规定,从事国有森林资源资产评估业务的资产评估机构,应具有财政部门颁发的资产评估资格,并有 2 名以上(含 2 名)森林资源资产评估专家参加,方可开展国有森林资源资产评估业务。对于非国有森林资源资产的评估,金额在 100 万元以上的,由财政部门颁发资产评估资格的机构进行评估;金额在 100 万元以下的,可由财政部门颁发资产评估资格的机构评估或由林业部门管理的具有丙级以上(含丙级)资质的森林资源调查规划设计、林业科研教学等单位提供评估咨询服务。

二、评估体系

我国森林资源资产评估机构的审批和管理机关主要有财政部门、林业部门和发展与改革部门。

财政部门批准设立的资产评估机构开展森林资源资产评估工作,出具森林资源资产评估报告,评估项目不受资金额度限制;林业部门成立的丙级以上资质的调查规划设计院(所)独立开展森林资源资产调查和评估工作,只能从事非国有森林资源资产评估以及金额在 100 万元以下的银行抵押贷款项目的评估,出具森林资源资产评估咨询报告;发展与改革部门批准设立的价格评估咨询机构参与森林资源资产评估工作,出具的是林木价值评估报告书,但国家林业局对这类评估机构参与森林资源资产评估业务的资质不予认可。

目前从事森林资源资产评估的社会中介机构和具有丙级以上资质的调查规划设计机构分属不同的行业主管部门——财政部和国家林业局分别批准和管理,部门分割的现状将会影响森林资源资产评估行业的健康发展。

我国森林资源资产评估人员资质的管理部门主要是国家财政部、中国资产评估协会和国家林业局。

目前,我国尚未设立森林资源资产评估师专业资格,只有从事森林资源资产评估的注册资产评估师。获得该资格需经过国家注册资产评估师考试,并取得由国家财政部核发、中国资产评估协会批准的注册资产评估师证书。

　　森林资源资产评估专家资质由中国资产评估协会和国家林业局共同审批，下发由中国资产评估协会和国家林业局共同盖章的专家资质证书。获得证书的唯一正规渠道是参加国家林业局人才开发交流中心与中国资产评估协会共同举办的森林资源资产评估咨询人员培训班，经考试合格方可获得"森林资源资产评估咨询人员"证书。

　　目前社会上出现了以颁发森林资源资产评估从业人员资质为名目开展的培训，还有所谓"森林资源资产培训师"资质证书。可见，我国森林资源资产评估市场的发展对设置森林资源资产评估师专业资格提出了要求。

　　林权评估与集体林权制度改革息息相关，森林资源资产评估市场呈现出巨大发展潜力的同时也存在许多不规范的地方，因此，需要从管理体系上促进森林资源资产评估行业的规范化，促进森林资源资产评估市场健康有序发展。

　　一是要落实《中共中央 国务院关于全面推进集体林权制度改革的意见》关于建立森林资源资产评估师制度的要求，设置森林资源资产评估师专业资格。需要国家林业局与评估主管部门沟通和协商，探索建立森林资源资产评估师执业资格制度，设置森林资源资产评估师专业资格，并将森林资源资产评估师纳入国家资产评估专业资格序列，设定具体考试科目。同时加快森林资源资产评估准则、指南等相关制度建设，筹备成立森林资源资产评估专业委员会和森林资源资产评估行业协会等社团组织负责森林资源资产评估师资格考试、后续教育、执业管理、违纪惩戒等相关工作。

　　二是要明确森林资源资产评估行业的审批和监管机关，对森林资源资产评估行业设定准入条件。森林资源资产评估行业的准入条件应依据财政部和国家林业局印发的《森林资源资产评估管理暂行规定》。从事非国有森林资源资产的评估，除经财政部门审批资产评估机构的注册资产评估师和财政部门与国家林业局共同认定的森林资源资产评估专家以外，经国家林业局和中国资产评估协会颁发证书的森林资源资产评估咨询人员也可从事非国有森林资源资产评估和金额在100万元以下的银行抵押贷款森林资源资产评估咨询业务。

　　三是应制定森林资源资产评估机构及森林资源资产评估师的相关管理办法。在森林资源资产评估机构和森林资源资产评估师的管理上，应以林业部门为主，财政部门和资产评估协会监督。应加强对森林资源资产评估机构及评估师的监督和检查，做好对森林资源资产评估机构和评估人员的执业情况进行定期监督检查等方面的工作。

第七章　林权管理

第一节　林权管理体系

一、林权管理体系的现状

　　林权管理是指各级林业主管部门按照国家的有关法律、法规的规定，确认林权，落实林权证的核发管理，调处林权纠纷，维护林权所有者、经营使用者合法权益，监督林权的正确行使。其管理的主要内容包括：权属的确认、权属变动的协调、权属纠纷的调处，以及保护林权所有者和使用者的合法权益等活动。林业主管部门是主管林业工作的专门机构，是同级人民政府的组成部分和专门管理林业的职能部门。依据《森林法》第 10 条的规定，国务院林业主管部门主管全国林业工作；县级以上的地方人民政府林业主管部门主管本地区的林业工作；乡级人民政府设专职或兼职人员负责林业工作。各级林业主管部门负责核发林权证的具体审核工作，协助人民政府做好核发林权证的其他工作，登记发证后负责林地的管理和监督。因此，各级林业主管部门是林权管理的职能部门，根据《森林法》的规定对有关林地、林木各项权利进行行政管理。

　　新中国成立以来，我国林权制度经历了四次较大的变革，每次变革初期都组织开展了大规模林权登记发证工作，调解处理了大量山林权属争议，对推进农村和林业发展发挥了重要作用。由于受当时的社会经济环境与客观条件制约，至今尚未形成一套完整的管理体系以保证林权管理的连续性和稳定性。随着时间的推移，原本明晰的林权变得模糊，尤其是 20 世纪 80 年代初期的林业"三定"后，随着农民对山林产权的需求增强，引发山林权属纠纷，林权管理体系深层次问题日益显现，影响了林业发展和农村社区稳定，进而成为引发新一轮林权制度改革的重要因素之一。

　　2003 年开始，我国一些省市相继开展了集体林权制度改革，在资源增长、农民增收、基层民主建设和农村社区稳定方面取得了显著成效，引起了党中央、国务院的高度重视。2008 年，中共中央、国务院作出了全面推进集体林权制度改革的重大决策，2009 年又召开了新中国成立 60 年来的第一次中央林业工作会议，有力地推动了集体林权制度改革的全面深入开展。有 26 个省（自治区、直辖市）成立了 851 个林权管理服务机构和 618 个资产评估机构，提供了林权交易、产品价格动态、森林资源资产评估、林权抵押贷款、森林保险、科技政策法规咨询等社会化服务。全国已有 26 个省份开展了林权抵押贷款工作，抵押贷款面积 280.53 万公顷，贷款金额 322 亿元。

虽然集体林权制度改革取得了巨大成效，各地在林改过程中，通过明晰产权、调解处理大量山林权属争议、核发林权证等措施，有效地改善了林权管理状况，但与"归属清晰，权责明确，保护严格，流转顺畅"的现代林业产权制度相比仍然存在非常大的差距，存在很多不规范的地方。因此，需要加强林权管理体系的建设。

二、建立健全林权管理体系的必要性

林权是一个包括了所有权、用益物权和担保物权在内的涉林物权体系。当前，我国林权制度改革正处在全面深化、整体推进的关键阶段，切实加强林权管理体系建设，既是维护农民合法权益的必然要求，也是深化改革、巩固成果的客观需要，已成为新时期做好农村和林业工作的关键所在。

（一）现代林业产权制度建设的重要内容

林权管理工作量大，专业性、原始性、动态性、时效性、政策性强，如不能完整、连贯、系统地运转，势必对今后林权的合法性、权威性、可靠性产生严重影响。通过林权管理体系建设，真正把林权登记发证、建档立档、流转管理等工作做实做细，建成日常、动态、科学、系统的林权管理体系，建立"产权归属清晰、经营主体落实、责权划分明确、利益保障严格、流转顺畅规范、监管服务到位"的现代林业产权制度，完善农村社会主义市场经济体制。

（二）切实保障农民合法权益、推进林业管理创新的重要手段

林改之前，由于不重视林权管理体系建设，经常引发山林权属或流转纠纷，严重损害农民合法权益的事件屡有发生。林改之后，林地承包经营权的物权性质必然要求与之相应的林权管理体系，林业管理服务的对象由集体经济组织变为千家万户的农民群众。农民关心的登记发证、林权流转、抵押、保险、公益林补偿等大量事务，以及政策咨询、法律服务、专业合作社或项目建设等都与林权管理相关，传统单一、静态管理模式已明显滞后于现实需求，必须进行林业管理创新改革，切实保障农民合法权益。

（三）林业发展和林区和谐的重要基础

林权是林业发展和林区稳定的基石和根本。过去，由于缺乏有效的林权管理体系，林业发展与林区的和谐稳定均受到严重影响。为避免重蹈历史覆辙，需要为广大林权权利人提供长期、稳定、安全、可靠的产权保护，不仅有效盘活山上资源，而且有利于防止林权过快过频流转和非法集资炒山、炒林等投机现象发生，进而形成林业的良性发展机制，实现资源增长、农民增收、生态良好、林区和谐的目标。

第二节　林权管理机构

一、林权管理机构的设置

（一）林权管理机构

林权管理是长期动态的行政行为，政策性强并涉及专业技术。《森林法》第 3 条规定，"国家所有的和集体所有的森林、林木和林地，个人所有的林木和使用的林地，由县级以上地方人民政府登记造册，核发证书，确认所有权或者使用权"。国务院可以授权国务院林业主管部门，对国务院确定的国家所有重点林区的森林、林木和林地登记造册，核发证书，并通知有关地方人民政府。同时，各级林业主管部门负责核发林权证的具体审核工作，协助人民政府做好核发林权证的其他工作，登记发证后负责林地的管理和监督。因此，各级林业主管部门作为同级人民政府的组成部分、主管林业工作的专门机构，是林权的管理机构，林权管理是各级林业主管部门的工作职能。

对于林权管理机构的建设，各级林业主管部门应明确专门的林权管理机构，承办同级人民政府交办的林权登记造册、核发证书、档案管理、流转管理、林地承包争议仲裁、林权纠纷调处等工作。林权管理机构设置和职能，一是林业主管部门应确定内部某个机构或新设一个机构，履行政府的林权登记管理职能；二是林权管理机构的职能是承办林权登记造册、核发证书、档案管理、流转管理、林地承包争议仲裁、林权纠纷调处等工作。在此基础上，加强队伍建设，努力建成一支思想过硬、业务精通和作风优良的林权管理干部队伍，确保林权管理统一、协调、高效、有序的运行。同时，对林权管理机构的运作机制，还要继续研究和探索，有条件的地方，可以成立林业服务中心，与林权管理一并运行，提高办事效率、提供优质服务。

（二）林权管理机构的总体建设

林权管理机构的建设和完善不仅要加强各级林权管理服务中心的组织建设，还要加快规章制度的健全，提高管理人员素质，配备必要的设施设备，提高工作效率和管理水平，以切实加强各级林权管理机构对林权的管理和保护，充分发挥其职能作用。

1. 加强各级林权管理机构建设

为切实加强林权管理，省、市林业主管部门负责辖区内林权管理服务中心的管理、指导、指挥和协调。强化县级以上林改机构对林权管理服务中心的业务指导和管理职能，理顺体制、机制。在加强县级林权管理服务中心建设的同时，支持建立健全省、市级林权管理服务中心，已经成立机构的，要规范名称、理顺关系，充分发挥作用；能成立机构的要尽快挂牌、明确职能；一时成立机构有困难的，现有机构要切实加强对县级林权管理服务中心的管理，履行好管理职责。

2. 建立、健全规章制度

各级林权管理服务中心应切实建立、健全林权管理服务中心管理制度、林权管理服务中心人员工作守则、岗位责任制、林权登记与档案管理制度、林权流转交易制度、社会化服务管理制度、廉政建设制度、财务管理制度等，并根据职责、任务的不同，不断充实和完善各项规章制度。同时，在制度的执行过程中，应严格遵守，切实执行，明确林权管理服务中心工作人员的办事原则，规范林权管理服务中心工作的行为准则，奖罚分明、权责明确，促进各项工作朝向规范化和制度化的方向发展。

3. 完善业务职能配置

林权管理服务中心以林权管理为核心，以服务农民为宗旨，在做好国家、省、市级林业主管部门农村林业改革发展机构职能相对应工作的同时，以建立健全林权管理、流转服务、社会服务三位一体为基本要求：①林权管理。以林权管理为基础，统一实施林地承包、流转管理、登记发证、承包纠纷仲裁、争议调处、林权档案管理职能，打造安全、可靠的林权管理平台。②流转服务。以林权流转服务为重点，建设流转服务平台，统一组织提供资产评估、信息处理、交易场所服务、合同签订指导、合同鉴证、流转服务平台管理、林权流转检测、统计、分析、报表、林权流转价格分析、指导及发布等专项服务措施，打造公开、高效的流转服务平台。③社会服务。以林权社会服务为主要内容，开设相应服务窗口，承办或指导协调林下经济、林业专业合作社、林权抵押贷款、森林保险、涉林村级公益事业等深化改革工作，并提供相关业务咨询和行政审批窗口等社会服务事项，打造便捷、周到的社会服务平台。上述职能中，林业主管部门已规定由其他机构承担的，原则上应调整由林权管理服务中心承担；已有专门机构承担的，可以合署办公，也可以继续由该专门机构承担，但应进驻中心设立服务窗口。

4. 推进信息化建设

建立专门网站或依托政务网开设专门网页，以网络化、地理信息系统技术为支撑，建立并应用先进的林权信息管理平台，能提供林权 IC 卡业务服务。信息系统综合布线应满足大厅局域网、互联网专线、电子政务外网、专网系统、电话通信等信息网络需要。窗口计算机应与电子政务外网连接，部门业务专网系统应接入窗口计算机。

5. 促进人员队伍建设

随着林权制度改革的深入推进，切实加强林权管理工作，维护好农民合法权益，主动应对改革新形势、新任务要求，推动集体林权制度改革全面深入发展已越来越离不开一支高素质的林权管理服务人才队伍。由于历史和体制的原因，现有工作人员对林权管理服务还缺乏足够的了解，尤其作为林改后新成立的组织，还难以安排相应的培训经费，致使他们的知识得不到及时更新，管理素质整体不高，难以适应新形势林业职能转变的要求。特别是，林改后社会各界发展林业的积极性高涨，林权结构呈现出所有制成分多元化、经营主体微观化、林权流转交易市场化等特点，林业生产方式、经营模式也随之发生了深刻的变化，林权流转、抵押、拆户、纠错、权证补发、权证注销日益增多，必然要求林权管理由传统单一、静态管理为主向现代多元、动态管理为主转变，由于林权管理涉及林权承包（流转）、林权抵押、林权档案管理、山林权属争议调处等多项内容，同时林木采伐、公益林补偿、林地征占用、森林资源流转、工程项目造林、森林保险、农民林业专业合作组织等大量林业事务都需要围绕林权来进行，情况十分复杂，林权管理服务任务十分繁重，涉及大量新的知识和领域，强化林权管理服务人才队伍建设尤显重要和紧迫。因此，要认真贯彻落实人才强林和科教兴林战略要求，紧紧围绕林业建设中心工作，以提高现有林权管理服务中心队伍素质能力和培训高质量后续人才为目标，抓好行业培训、高等教育、职业教育发展工作，大力创新人才工作机制，优化人才成长环境，努力建设一支结构合理、业务精良、充满活力、具有较高素质的林权管理服务队伍。

（三）县级林权管理机构的建设

1. 明确机构

为加强管理，各建设单位对辖区内现有林改办、林业产权交易中心、林业要素市场等林改机构予以有效整合，统一机构，形成合力，将林权管理服务中心作为林业主管部门农村林业改革发展机构在县一级的常设机构。

2. 统一名称

鉴于县级主要从事社会管理服务具体工作，为便于广大农民理解接受、做好服务工作，不要求使用农村林业改革发展名称，根据机构工作性质，各建设单位机构名称应统一规范使用"行政区划名 + 林权管理服务中心"字样。

3. 批准成立

县级林权管理服务中心应经机构编制委员会批准设立，为林业主管部门内设机构或全额拨款事业单位。

4. 编制合理

林权管理服务中心编制数量应与其承担职能职责工作量大小相对应，原则上不少于6人。

5. 制度健全

内部管理制度健全，实行岗位责任制，定岗、定员、定责，制订绩效考核、民主管理、工作纪律、廉洁自律、行政例会等制度。对外服务制度完善，实行首问负责、一次性告知、服务承诺、限时办理、跟踪服务、工作督办等制度。

二、林权管理机构的职责

林权管理的基本要求是明晰产权建立规范的森林资源权属管理制度，落实林权登记发证制度，搞好林地保护利用规划是森林资源管理的基础性工作，明确、稳定森林、林木、林地的权属，依法保护森林、林木、林地所有者和使用者的合法权益，对保护森林和发展林业具有重要意义。林权管理机构的主要职责是承办林权登记造册、核发证书、档案管理、流转管理、林地承包争议仲裁、林权纠纷调处等工作。大致可以分为：确认林权，核发林权证书；建立管理林权档案；调处林权纠纷；保护林木所有者和林地使用者的合法权益四个方面。这些职责涉及林业、国土、民政等主管部门，各部门既有分工，又有联系。

（一）确认林权，核发林权证书

1. 林权的确认

林权的确认是国家对森林、林木和林地所有者和使用者依法享有所有权和使用权的认定。我国《土地管理法》规定，确认林地、草原的所有权或者使用权，确认水面、滩涂的养殖使用权，分别依照《森林法》、《草原法》和《渔业法》的有关规定办理。《森林法》第3条规定了国家所有的和集体所有的森林、林木和林地，个人所有的林木和使用的林地，由县级以上地方人民政府登记造册，核发证书，确认所有权或者使用权。而对国务院确定的国家所有重点林区的林地登记造册、核发证书的工作，由国务院授权国务院林业主管部门负责，并通知有关地方政府。凡是权属清楚的，都要登记造册，核发证书，同时做好林权变更后的换证工作。因此，确认林权的机关是县级以上含县级地方人民政府和国务院林业主管部门。

林权确认是一项十分复杂的工作，新中国成立以来进行过多次定权发证工作，为完善林权管理，确定森林、林木和林地权属留下了可靠的依据。根据《森林法》的规定和我国林权变革历史的经验教训及实践总结，确认林权应该坚持以下基本原则：

（1）以现有权属为基础的原则。1981年中共中央、国务院在《关于保护森林发展林业若干问题的决定》中指出：国家所有、集体所有的山林树木，或个人所有的林木和使用的林地，以及其他部门、单位的林木，凡是权属清楚的，都应予以承认。这说明，确定山林权属，并不是重新划分山林权归属，而是对凡是权属清楚的，都予以承认，这就是坚持以现有权属为基础。坚持这一原则对稳定林权、稳定林区秩序，保护育林积极性都是有利的。

（2）以有效法律凭证为依据的原则。如土改时的土地证、"四固定"时的登记册、林业"三定"时的山林权证书、已经生效的调解书、协议书、判决书和具有法律效力的合同等。以上凭证，一般情况下都应予以维护，在时间上应以最新的凭证为准。

（3）"谁造谁有"原则。谁造谁有是我国林业上长期坚持的一个基本政策，虽然各个时期执行的程度不一样，但政策是连续的，只有坚持这个原则，才能使当事人的合法权益真正得到保护，促进林业的发展。值得提出的是，这里"谁造谁有"的原则只适用于森林、林木所有权。

2. 林权登记发证

林权登记是县级以上人民政府或国务院林业主管部门根据国务院的授权，按照国家法律、法规和规章的规定，对森林、林木、林地所有权、使用权或抵押权的设立、变更、转让或消灭进行审查登记，并核发林权证书的行为。目前的林权登记包括初始登记、变更登记和注销登记三种情况。

《森林法》第3条规定了森林、林木和林地的登记发证制度，而林权登记发证的具体规定主要体现在《森林法实施条例》和2000年12月31日国家林业局发布的《林木和林地权属登记管理办法》中。根据《森林法实施条例》第4条、第5条的规定，不同情形的林权权属的登记发证机关也不尽相同，大体有四种情况：一是"使用国家所有的森林、林木和林地"属于重点国有林区的由国务院林业主管部门登记发证；属于跨行政区域的由共同的上一级人民政府登记发证；以上两种情况外的国家所有的森林、林木和林地使用权由县级以上地方人民政府登记发证。二是未确定使用权的国家所有的森林、林木和林地由县级以上人民政府登记发证。三是集体所有的森林、林木和林地或者使用集体所有的森林、林木和林地，由该县级人民政府登记发证。四是单位和个人所有的林木由该县级人民政府登记发证。因此，林权登记发证机关是各级人民政府或国务院林业主管部门，各级林业主管部门是同级人民政府林权登记发证的具体办理机关，依法负责受理林权登记申请。

林权证是确定森林、林木和林地所有权或使用权的法律凭证，对于林权权利人来说，按照现行有关规定，凡是涉及林业财产的行为，都应以林权证为凭证，办理森林、林木和林地抵押、担保、入股，领取森林生态效益补偿费，申领林木采伐许可证，均应出示或提交林权证；同时依法对森林、林木和林地进行登记发证，是林业主管部门从事林权管理的基础性工作，也是依法保护农民合法权益的重要手段。对林权权属进行登记发证，明晰产权，有利于森林资源资产进入市场，符合经济社会的发展需要；有利于调动农民和其他经营者造林、营林的积极性，加快森林资源的培育和发展；有利于解决林权纠纷，稳定社会生产、生活秩序。因此，林权登记发证的工作中应当坚持以下原则，确保工作高效优质、公平公正地进行：

（1）坚持林权政策的稳定性和连续性的原则。依法核发的林权证是森林、林木、林地所有权或者使用权的唯一法律凭证，核发林权证是一项十分严肃的工作。在林权登记发证过程中应保持林权政策的稳定，对已经颁发过林权证且权属清楚的，不得借再次登记的机会，重新划分林权，侵犯权利人的合法权益。已明确的有关林权政策未发生变化的，必须坚持、确保政策的连续性。

（2）坚持统一规范的原则。林权登记发证要按照规定的程序和方法进行，使用全省统一格式的《林权登记申请表》、国家林业局统一开发的《林权证信息管理系统》和全国统一印制的全国统一式样的《中华人民共和国林权证》。林权登记要做到准确、完整不重、不漏权属、坐落、四至清楚、界限明确、标致明显。

（3）坚持公开、公平、公正的原则。在林权初始登记前，应公告登记的时间、地点和申请须知等事项，登记中要将拟登记林权的内容进行公告，登记结束后公告登记结果，接受群众监督。现场勘验时，有关利害关系人必须到场，并在相关确认林权关系表上签字盖章。

（4）坚持按权属和宗地发证的原则。依据权利人对森林、林木和林地的所有权或使用权的不同以及地块的不同分别予以登记和核发林权证。

（二）林权档案管理

在确认林权，成图造册并完成林权登记发证后，林权管理机构应以乡（镇）为单位建立起林权档案。档案中的图、表、册，人、地、证必须与林权实际情况相符。同时，配备林权勘测、林权证核发和档案管理所必要的设施，建立林权登记日常管理和林权登记资料公开查询制度。发现林权证错登、漏登或者遗失、损坏的，经权利人申请，原林权登记受理机关应及时给予更正或者补正。

林地因被征用、占用或使用权有偿转让会引起林权变动，林业主管部门应当依法履行监督职责，并协助人民政府做好权属变动工作，依法做好变更登记工作，更换林权证书；林地被依法征收或者由于其他原因造成林地灭失的，原林权权利人应当到初始登记机关申请办理注销登记，并提供林权登记申请表、林权证、林权依法变更或者灭失的有关证明文件等材料，林业主管部门应按照法律规定，及时为申请人办理注销，依法维护当事人的合法权益。

（三）调处林权争议

林权争议是森林、林木、林地的所有者或者使用者对森林、林木、林地的占有、使用、收益和处分的权利所发生的纠纷。包括国有单位之间、集体单位之间、国有与集体之间、个人之间、个人与国有之间、个人与集体之间发生的林权争议。林权争议大部分是利益之争，产生的原因主要包括历史遗留问题、政策多变、行政界限不清造成的、经营管理中出现的执行政策偏差，等等。

我国《森林法》第17条规定："单位之间发生的林木、林地所有权和使用权争议，由县级以上人民政府依法处理。个人之间、个人与单位之间发生的林木所有权和林地使用权争议，由当地县级或者乡级人民政府依法处理。"因此，林权争议由各级人民政府处理，林业主管部门作为同级人民政府的办事机构要会同有关部门，协助人民政府调处林权争议的具体工作。

林权争议调处的依据主要有1989年2月3日国务院发布的《国务院行政区域边界争议处理条例》以及1996年9月26日林业部部长会议通过的《林木林地权属争议处理办法》，调处的原则包括：尊重历史和现实，有利于安定团结；有利于保护发展森林资源，有利于人民的生产生活；林权争议由各级人民政府作出处理决定；林权争议解决前，任何单位和个人都不得采伐有争议的林木；不得在有争议的林地上进行基本建设和其他生产活动；林权争议调处的程序方法是认真调查、细致分析、协商解决。

（四）保护权利人的合法权益

依法保护林权所有者和使用者的合法权益是林权管理的目的。林权管理是通过发证，使所有者和使用者的权利都受到法律保护，任何对所有者、使用者合法权益造成侵害的行为，应当承担法律责任，林业主管部门应当依法予以处理，保护当事人的合法权益。我国政府采取经济、行政、法律等多种手段保护林权所有者和使用者的合法权益，尤其是林业部门有责任和义务保护林权合法权益不受侵犯：

（1）任何组织、个人不得侵犯林权权利人的合法权益。目前一些企业甚至地方政府为了发展经济，无视农民和国家利益，非法占用林地、采伐林木来搞项目建设的现象比较常见。要加强管理，约束乱占林地、乱伐林的行为，做到依法办事。

（2）林权所有者和使用者的合法权益受到侵犯时，有权要求人民政府进行保护。

（3）人民政府、林业主管部门、司法机关，应当依法履行职责，加强对林权的保护，依法打击侵犯林权的违法犯罪行为。

三、林权管理中需要注意的问题

（一）林权管理职能整合问题

2008 年 6 月 8 日，中央出台了《中共中央 国务院关于全面推进集体林权制度改革的意见》（以下简称《意见》），《意见》确定的林权管理机构职能，已由林业主管部门内部几个机构或政府的其他职能机构分别承办的地方，需要研究职能调整办法，按照《意见》要求，由林业主管部门确定内部某个机构或新设一个机构，专门承办林权登记造册、核发证书、档案管理、流转管理、林地承包争议仲裁、林权纠纷调处等工作。

（二）林权流转登记问题

对于林权转让的受让方申请林权登记，目前有两种不同意见，一是为了防止农民失山失地，对林权流转采取限制性政策，不予进行林权登记；二是为了盘活林地林木资产，对林权流转采取鼓励性政策。在实践操作中，会遇到集体经济组织不同意流转，无法进行林权登记的情况。

（三）林权登记错误责任问题

林权登记错误主要有两种情况：一是登记申请人采取欺骗手段或者林权管理机构工作人员因工作疏忽等过失原因造成错误；二是登记申请人与林权管理机构的工作人员恶意串通、故意造成错误。根据《物权法》的规定，因林权管理机构登记错误，给他人造成损害的，林权管理机构应当承担赔偿责任。

第八章 林权登记制度

第一节 林权登记的概述

一、林权登记的概念

我国《森林法》规定，国家所有的和集体所有的森林、林木和林地，个人所有的林木和使用的林地，由县级以上人民政府登记造册，核发证书，确认所有权或者使用权。林权作为设立在不动产上的权利，采取以林权登记簿为依据、以林权证为凭证的登记形式，是一种重要的不动产登记。

一般而言，不动产权利登记是专门机构依据法定程序，将特定的不动产权利予以记载，进而产生特定法律效果的行为。完整的登记制度包含两大要件：第一，登记的内容及效果，登记机构将需要登记的财产（不动产）及其权利状况登载于登记簿，并由此产生特定的法律效果；第二，登记程序，即规范登记机构及其参与人进行登记活动的规则。以这两个要素为基点，登记包含以下含义：从公法角度看，登记是国家依法委托特定职能的机构对特定财产权利加以确认并进行管理的活动；从私法的角度看，法律规定了不动产物权变动以登记为生效要件或对抗要件，因此登记是遵循物权变动规则，保障交易安全的基础要素，在这个意义上，登记主要功能为物权变动的公示方式，登记是登记机构开展的为维护不动产交易秩序，依法保护权益人不动产利益并由此产生法律效力的一系列活动；从实体法的角度观察，登记是登记机构对不动产的权利状态进行记载，从而发生特定法律效力的事实；从程序法的角度观察，登记是登记机构依当事人的申请或法律规定，按照一定的操作规则做出是否登记以及如何登记，并将之载入登记簿的过程。

综上，林权登记是指县级以上人民政府或林业主管部门根据国务院的授权按照国家法律、法规和规章的规定，对森林、林木、林地所有权、使用权或抵押权的设立、变更、转让或消灭进行审查登记，并核发林权证书的行为。林权登记作为国家管理土地资源和森林资源的一项重要措施，已被世界各国普遍采用。我国的林权登记于1982年开始在全国开展，现有林地的确权发证面积超过90%，保持了林权的稳定，调动了社会植树造林的积极性。

二、林权登记的类型

林权登记是对森林、林木、林地所有权、使用权或抵押权的设立、变更、转让或消灭进行的审查登记。因此，基于现有法律法规的规定，以林权登记的权利内容作为划分标准，林权登记包括所有权登记、使用权登记以及抵押权登记。同时，根据林权登记机关的程序来分，所有权登记、使用权登记以及抵押权登记又分别包含初始登机、变更登记、注销登记。这些登记类型的程序、条件与效力各不相同。

（一）所有权登记

1. 初始登记

初始登记是指初次拥有森林、林木和林地的所有权或者使用权的单位和个人、林权权利人按照规定程序到林权登记机关办理的林权登记。

《森林法》第 3 条规定，国家所有的和集体所有的森林、林木和林地，个人所有的林木和使用的林地，由县级以上地方人民政府登记造册，核发证书，确认所有权或者使用权。国务院可以授权国务院林业主管部门，对国务院确定的国家所有的重点林区的森林、林木和林地登记造册，核发证书，并通知有关地方人民政府。同时，根据《森林法实施条例》第 5 条的规定，集体所有的森林、林木和林地，由所有者向所在地的县级人民政府林业主管部门提出登记申请，由该县级人民政府登记造册，核发证书，确认所有权。单位和个人所有的林木，由所有者向所在地的县级人民政府林业主管部门提出登记申请，由该县级人民政府登记造册，核发证书，确认林木所有权。

2. 变更登记

变更登记是指林权权利人所拥有的森林、林木和林地的所有权或使用权，经初始登记后因某种原因导致原登记的主要权利内容发生部分变化的林权权利人，持原林权证向登记机关提出的登记。

森林、林木或林地因被征用、占用或使用权有偿转让等原因，必然会引起林权权属的变动。林权发生变动后，相关权利人应当依照《森林法实施条例》第 6 条的规定，依法申请办理变更登记手续。同时，林业主管部门也应当依法履行监督职责，协助人民政府做好权属变动工作，依法做好变更登记工作，更换林权证书。

3. 注销登记

注销登记是指因被依法征用或占用和无法抗拒的自然灾害、林权流转、政策性收回、划转、调换等原因，林权权利人原已登记的一宗或多宗林地的森林、林木、林地所有权或使用权全部丧失的林权权利人到登记机关进行的登记。

森林、林木或林地因被依法征收或者由于其他原因造成灭失的，原权利人应当依照《林木与林地权属登记办法》第 7 条的规定，到初始登记机关申请办理注销登记，并提供林权登记申请表、林权证、林权依法变更或者灭失的有关证明文件等材料。林业主管部门应按照法律规定，及时为申请人办理注销，依法维护当事人的合法权益。

（二）使用权登记

1. 确权登记

《物权法》第 127 条、第 129 条规定了土地承包经营权的登记。《物权法》第 127 条规定，"土地承包经营权自土地承包经营权合同生效时设立。县级以上地方人民政府应当向土地承包经营权人核发土地承包经营权证、林权证、草原使用权证，并登记造册，确认土地承包经营权。"《物权法》第 129 条规定，"土地承包经营权人将土地承包经营权互换、转让，当事人要求登记的，应当向县级以上地方人民政府申请土地承包经营权变更登记；未经登记，不得对抗善意第三人。"

《农村土地承包法》第 23 条规定，县级以上地方人民政府应当向承包方颁发土地承包经营权证或者林权证等证书，并登记造册，确认土地承包经营权。

《森林法实施条例》规定了依法使用国家和集体所有的森林、林木和林地的登记。对于国家所有的森林、林木和林地，《森林法实施条例》第 4 条规定，依法使用的国家所有的森林、林木和林地，按照下列规定登记：①使用国务院确定的国家所有的重点林区（以下简称重点林区）的森林、林木和林地的单位，应当向国务院林业主管部门提出登记申请，由国务院林业主管部门登记造册，核发证书，确认森林、林木和林地使用权以及由使用者所有的林木所有权；②使用国家所有的跨行政区域的森林、林木和林地的单位和个人，应当向共同的上一级人民政府林业主管部门提出登记申请，由该人民政府登记造册，核发证书，确认森林、林木和林地使用权以及由使用者所有的林木所有权；③使用国家所有的其他森林、林木和林地的单位和个人，应当向县级以上地方人民政府林业主管部门提出登记申请，由县级以上地方人民政府登记造册，核发证书，确认森林、林木和林地使用权以及由使用者所有的林木所有权。未确定使用权的国家所有的森林、林木和林地，由县级以上人民政府登记造册，负责保护管理。对于集体所有的森林、林木和林地，《森林法实施条例》第 5 条第 3 款规定，使用集体所有的森林、林木和林地的单位和个人，应当向所在地的县级人民政府林业主管部门提出登记申请，由该县级人民政府登记造册，核发证书，确认森林、林木和林地使用权。

2. 变更登记

《森林法实施条例》第 6 条规定，改变森林、林木和林地使用权的，应当依法办理变更登记手续。该条规定了改变森林、林木和林地使用权的，权利人要办理变更登记。

（三）抵押登记

《物权法》、《担保法》规定，建筑物、林木和其他土地附着物，建设用地使用权，以招标、拍卖、公开协商等方式取得的荒地等土地承包经营权以及正在建筑的建筑物抵押的，应当办理抵押物登记，抵押权从登记时生效。

国家林业局颁布的《森林资源资产抵押登记办法（试行）》对商品林中的森林、林木和林地使用权抵押登记做出了详细的规定。其中，第 7 条规定，森林资源资产的登记工作由县级以上地方人民政府林业主管部门的资源管理机构负责初审，资产管理机构负责办理登记或变更登记手续，资产管理机构办理抵押登记或变更登记手续后，资源管理机构要在林权证上予以标注。

三、林权登记的功能

我国《宪法》、《民法通则》等法律明确规定国家财产神圣不可侵犯，禁止任何组织或者个人侵占、哄抢、私分、截留、破坏；集体和个人所有的财产受法律保护，任何组织或个人不得侵占、哄抢或者非法查封、扣押、冻结、没收。因此，国家所有和集体所有的森林、林木和林地，个人所有的林木和使用的林地，由县级以上人民政府登记造册核发证书，确认所有权或使用权后，合法权益受法律保护，不得随意侵犯。通过合法程序领取的林权证书，是森林、林木和林地唯一合法的权属证书，权利人可以据此对抗他人的一切非法侵权行为，并通过寻求行政和司法救助，使其合法权益得到国家法律的保护。这就是林权登记的功能，主要包括确认功能、权利公示功能和管理功能。

（一）确认功能

林权登记的确认功能，是指林权登记具有确认林权状况、承认并保护林权权利人的各项权利的功能。当权属中任何一项内容发生变更，当事人需要依法及时办理变更登记手续。例如，林地承包后，林地承包经营权依法转让、互换的，需要建立新的承包关系，原承包方与发包方在该林地上的承包关系即行终止。根据新的承包合同书依法核发的林权证是确权依据；而依法出租、转包的，承包方与发包方的承包关系不变，林权权利人也不变，不能重新确权或重复核发林权证。经过登记的各项权利，非经法定程序不得任意改变或撤销，同一项权利除共有之外也不能重复确认和登记，权利人可以据此对抗一切他人的非法侵权行为，并通过寻求行政和司法救济，使其合法权益得到国家法律的保护。

（二）权利公示功能

林权登记具有权利公示功能。无论是林权登记发证的过程中还是发证之后，有关部门都应将所记载的林权状况、流转状况等相关资料通过适当的途径向社会公开，用以标示林权现状以及流转的过程和结果，允许社会各界查询，以帮助潜在的交易主体或其他与该林权已经或将要发生某种权利义务关系的民事主体作出真实和适当的决定或判断，从而保障交易的安全，防止因对林权状况缺乏了解而做出错误的意思表示。如果林权的归属和变动缺少透明度，存在封闭性和随意性等问题，就势必埋下林权矛盾的隐患，难以切实保障林权权利人的经济利益。

（三）管理功能

林权登记还具有管理功能，有助于实现国家对森林资源的有效管理。一是产籍管理，即通过林权登记建立完整的地籍资料，进而为国家对森林资源的利用、保护、税收和规划等提供依据；二是审查监督，即通过对林权的设定、变更、终止的合法性审查，进而取缔或处罚违法行为。

四、林权登记的意义

林权登记制度的价值，不仅在于实现对森林资源的管理利用，更重要的是林权登记制度有利于明晰产权，实现对私权的保护。

（一）实践意义

从实践意义上看，林权登记有助于落实对森林资源的开发利用，为林权制度改革提供制度支持，进一步推进林权制度改革的发展。

第一，林权登记制度有助于解决林权制度改革历史遗留问题，为破解林权制度改革的现实困境提供可行的路径。自新中国成立以来，我国的集体林权制度经过多次改革，从新中国成立初期的土地改革、人民公社化运动、20 世纪 80 年代的"林业三定"政策到 2003 年集体林权制度改革，历次改革均进行了确权发证，多次的政策更迭也使部分山林权属纠纷未能得到解决，勘界不清、权属不明、多次发证的权利证明材料效力冲突等问题也成为林权的历史遗留问题，严重制约了改革的发展。而在 2008 年开始的新一轮的集体林权制度改革中，在全国全面颁发了统一的林权证，这为林权人证明其权益提供了有效的法律凭证，对保护林权人的合法权益有积极的意义。然而，仅仅依靠换发林权证并不能彻底解决林权的历史遗留问题，林权证的换发工作并不是简单的证明形式的变换，必须辅之以必要的配套措施，通过理清林权权属，解决先前证明材料效力冲突的问题，才能使林权证作为唯一合法有效的法律凭证拥有更坚实的实践基础。

第二，林权登记制度有助于实现新一轮林权制度改革"明晰产权、放活经营权、落实处置权和保障收益权"的目标。通过完善林权登记制度，为规范的林权流转提供规则设计，从而将林权流转交易行为纳入有法可依的范畴。在市场经济条件下，森林资源的经济价值不断提升，而我国森林资源国家或集体所有的模式无法使森林资源得到充分的开发利用，现有的行政管理模式凸显其滞后性，由此，林权制度改革便应运而生，承担起森林资源市场化运营的任务。在此过程中，为了将抽象的森林资源所有权落实到具体的民事主体之上，创设出可流转的森林资源使用权，[①] 还需有一套物权制度的支撑。

第三，林权登记制度以国家公信力优化安全的交易环境，有助于推动林权制度改革进一步深化，实现林业的可持续发展。在林权流转中，未经登记的非规范性流转一直广泛存在，这既有农民自我保护意识不足的因素，也有制度不完善以致功能无法实现的原因。因此，通过完善登记制度，充分发挥制度功能，为经过登记的权利提供法律上的有效保护，能够增加林权人的投资信心，适应林业市场化发展的需要。众所周知，林业的持续发展，不仅仅依靠国家投资，还需要吸引民间资本、鼓励企业投资、

---

① 高桂林，吴国刚．我国林权制度构建之研究[J]．法学杂志，2005（5）：43．

扶持林业大户增加投资，以市场机制引导社会各方面增加林业投资，从而保障林业的健康有序发展。

第四，林权登记制度能够为保护林权人的合法权益提供法律救济途径。在集体林权制度改革推进过程中，登记过程中的法律保护缺失一直是困扰改革推进的一大难题，林权登记行为大多依靠政策性文件或政府部门的指导意见进行，林权人的权利保护一直游离于法律制度保护之外，因此，通过林权登记制度的完善，明确登记的效力，能够为林权人进行权利救济，提起诉讼提供制度依托，从而更好地保护林权人的合法权益。

（二）理论意义

从理论意义上看，林权登记属于不动产登记制度的一部分，借助登记制度的功能，不仅能够赋予权利公示的法律效果，还有助于排除因物权法定原则对林权保护造成的理论障碍，从而有效地维护了林权人的合法利益。

第一，林权登记制度有利于满足物权公示的要求。林权登记的内容是对林权权属的记载和表征，通过登记对权利归属及物权变动进行公示，既肯定和保护物权人的合法权益，同时，其公示作用亦能够使第三人了解相关的物权变动，从而避免第三人遭受损害，保障交易安全。

第二，林权登记制度有助于明确登记的物权效力。登记作为不动产物权变动的公示方法，不仅表明不动产物权的权利状态及其变动，同时也是物权变动的形成条件或对抗要件，具有设权效力或公示对抗力。因此，通过林权登记制度确定登记效力，不仅能够保证有效的物权变动得以完成，使权利人拥有的权利具备合法性、有效性，又可以通过登记的公示效力增加交易的安全性，从而保证交易行为的有序、安全、有效。

第三，林权登记制度有助于解决物权法定原则带来的理论问题。物权本身是一个开放性的权利体系，其必然会随着社会经济的发展而不断变化，不断吸收新的权利类型，林权正是一种伴随着改革实践出现的新型权利。但根据《物权法》确立的物权法定原则，关于物的权利必须法定，不得随意创设，这使得林权在权利保护方面缺乏物权法上的依据。而在另一方面，集体林权制度改革的实践还需要一套制度对林权的权利运行加以规范，以保障权利人的利益。面对实践需求与制度供给的矛盾，林权登记制度为此提供了解决的途径，通过林权登记制度的构建，将林权纳入不动产登记的权利范围，既使权利运行得到规范，又有助于完成林权的物权化和法定化，从而解决林权因物权法定原则带来的理论瓶颈，为林权的行使提供制度上的规范和保护。

第二节　林权登记法律制度

我国现行的林权登记制度依照《物权法》、《农村土地承包法》、《森林法》、《森林法实施条例》、《林木与林地权属登记办法》、《森林资源资产抵押登记办法（试行）》的规定进行。

一、林权登记的机关及权限

我国不同种类的林权登记，其登记机关是不同的。总体来说，国家对森林、林木和林地实行分级管理体制，各级人民政府及林业主管部门权限划分如下：森林、林木和林地的登记机关是县级以上林业主管部门，确权发证机关是县级以上人民政府及国务院林业主管部门。核发林权证是一项政府行为，各级林业主管部门是该项工作的具体承担者。同时，林业主管部门应当建立森林、林木和林地权属管理档案，保护森林、林木和林地所有者和使用者的合法权益不受任何单位和个人的侵犯。

（一）森林、林木、林地所有权和使用权登记机关

《森林法》第3条规定了对林权必须进行登记造册，但并没有明确登记的内容，也没有规定如何设定林权登记簿。《森林法实施条例》的第4条至第6条对林权登记作了较为详细的规定：在登记内容方面，明确单位和个人对国有森林、林木和林地的使用权登记，集体所有森林、林木和林地的所有权登记，单位和个人对集体所有森林、林木和林地使用权登记以及单位和个人所有林木的所有权登记；在登记机构方面，规定了县级以上林业主管部门为登记机构；在登记程序方面，规定了使用权依申请启动登记程序的原则；在登记类型方面，确定了变更登记的登记类型等。

1. 国有森林、林木和林地的使用权

根据宪法的规定，森林资源属于国家或集体所有，不产生流转，因此国有森林、林木和林地的所有权并不需要强制登记，一般登记造册更多体现的是对财产权的确认而非物权变动的条件。而对国家所有森林资源的使用权登记则不同，根据《森林法实施条例》第4条的规定：①使用国家所有的跨行政区域的森林、林木和林地（除国务院确定的国家所有的重点林区的森林、林木和林地）的单位和个人，应当向共同的上一级人民政府林业主管部门提出登记申请，由该人民政府登记造册，核发证书，确认森林、林木和林地使用权以及由使用者所有的林木所有权；②使用国家所有的其他森林、林木和林地（除国务院确定的国家所有的重点林区的森林、林木和林地）的单位和个人，应当向县级以上地方人民政府林业主管部门提出登记申请，由县级以上地方人民政府登记造册，核发证书，确认森林、林木和林地使用权以及由使用者所有的林木所有权。

2. 集体森林、林木和林地的所有权和使用权

集体所有森林、林木和林地不同于国有，需要由所有者向登记机关申请登记，确认集体对森林、林木和林地的所有权。具体而言，根据《森林法实施条例》第5条规定，集体所有的森林、林木和林地，应当由所有者向所在地的县级人民政府林业主管部门提出登记申请，由该县级人民政府登记造册，核发证书，确认所有权。

使用集体所有的森林、林木和林地的单位和个人，应当向所在地县级人民政府林业主管部门提出登记申请，由该县级人民政府登记造册，核发证书，确认森林、林木

和林地使用权。

3. 单位和个人所有林木的所有权

根据《森林法实施条例》第 5 条规定，单位和个人所有的林木，由所有者向所在地的县级人民政府林业主管部门提出登记申请，由该县级人民政府登记造册，核发证书，确认林木所有权。

(二)国家所有的重点林区的森林、林木、林地所有权和使用权登记机关

对于国家所有的重点林区的森林、林木和林地的所有权和使用权，《森林法》第 3 条第 2 款进行了特别规定，明确由国务院授权国务院林业主管部门，对其进行登记造册，核发证书，并通知有关地方人民政府。《森林法实施条例》第 4 条进一步明确了国有重点林区内林权的确权发证机关：使用国务院确定的国家所有的重点林区的森林、林木和林地的单位，应当向国务院林业主管部门提出登记申请，由国务院林业主管部门登记造册，核发证书，确认森林、林木和林地使用权以及由使用者所有的林木所有权。

(三)森林、林木和林地使用权的抵押登记机关

《森林资源资产抵押登记办法(试行)》第 7 条规定，抵押森林资源资产的登记工作由县级以上地方人民政府林业主管部门的资源管理部门负责初审，资产管理部门负责办理登记或变更登记手续，资产管理部门办理抵押登记或变更登记手续后，资源管理部门要在林权证上予以标注。该条确定了办理森林资源资产抵押登记是由县级以上地方人民政府林业主管部门的资源管理部门负责，办理抵押登记或变更登记手续后，其还需要在林权证上予以标注。

各级林业主管部门的一项重要任务就是要做好林权登记，实际操作好林权证书的核发和林权纠纷处理工作。处理林权登记申请是林业主管部门的法定职责。各级林业主管部门应提高认识，加强宣传，认真组织，把林权登记发证工作纳入重要议事日程，明确专门的机构和人员负责办理，本着先易后难、由点到面、集中确权发证与林权动态管理相结合的原则，尽快开展和加快森林、林木、林地的登记和确权发证工作。

二、林权登记的程序

根据登记的程序不同，林权登记分为初始登记、变更登记和注销登记。改变森林、林木和林地所有权、使用权的，应当依法办理变更登记手续。变更登记和注销登记应当到初始登记机关的林业主管部门提出登记申请。有关登记的程序主要包括申请、审查、登记发证、档案建立等步骤。

(一)申 请

1. 申请人

向林权登记机关申请林权登记的主体是林权权利人，根据《林木和林地权属登记管理办法》第 3 条的规定，林权权利人是指森林、林木和林地的所有权或者使用权的

拥有者。只有林权权利人才有权向林业主管部门提出林权登记申请，其他人无权提起申请。如果林权权利人为个人的，由本人或者其法定代理人、委托的代理人提出林权登记申请；林权权利人为法人或者其他组织的，由其法定代理人、负责人或者委托的代理人提出林权登记申请。

2. 申请所需文件

根据《森林法》及其实施条例、《林木和林地权属登记管理办法》的规定，林权权利人提出林权初始登记申请，并提交以下文件：林权登记申请表；个人身份证明、法人或其他组织的资格证明、法定代表人或者负责人的身份证明、法定代表人或者委托代理人的身份证明和载明委托事项和委托权限的委托书；申请登记的森林、林木和林地权属证明文件，这些证明文件包括政府依法颁发的林权证等权属证明、林木、林地承包经营合同、其他有关的权属证明材料；省、自治区、直辖市人民政府林业主管部门规定要求提交的其他有关文件。

林权权利人申请办理变更登记或者注销登记时，应当提交下列文件：林权登记申请表；林权证；林权依法变更或者灭失的有关证明文件。

林权权利人申请抵押登记时，根据《森林资源资产抵押登记办法（试行）》第15条的规定，应当提交下列文件：森林资源资产抵押登记申请书；抵押人和抵押权人法人证书或个人身份证；抵押合同；林权证；拟抵押森林资源资产的相关资料，包括林地类型、坐落位置、四至界址、面积、林种、树种、林龄、蓄积量等；拟抵押森林资源资产评估报告；抵押登记部门认为应提交的其他文件。

3. 林权登记收费标准

根据2001年10月16日国家发展计划委员会、财政部《关于林权证工本费和林权勘测费收费标准及有关问题的通知》（计价格〔2001〕1998号）的规定，林权登记收费标准如下：

第一，县级以上林业主管部门对自愿申请林权登记的单位和个人核发《林权证》的工本费的收费标准为每证5元。

第二，国务院林业主管部门对国有重点林区的林权进行登记过程中要进行现场勘测，勘测费按勘测面积分段累计征收。具体收费标准为：林权登记面积在1000公顷以下的，每公顷收费标准为3元，不足100公顷的，按100公顷计收；林权登记面积在1000公顷以上（包括1000公顷）、3500公顷以下的，每公顷收费标准为2元；林权登记面积在3500公顷以上（包括3500公顷）、7000公顷以下的，每公顷收费标准为1元；林权登记面积在5万公顷以上的，勘测费按5万公顷计收。

第三，其他林区（不包括农村集体经济组织和农民）的林权勘测费收费标准，由各省、自治区、直辖市价格主管部门会同同级财政部门按照不高于国有重点林区的林权勘测费收费标准的原则，结合林权勘测费用支出的实际情况制定，抄国务院有关主管部门备案。

目前，全国尚未出台统一的办理林权证操作程序规定，各地情况不一，对具体办理林权证的要求也不一样。需要办理林权证的单位和个人可以直接与当地县级林业主管部门取得联系，了解具体程序、要求以及必备材料。

（二）审 查

1. 受 理

（1）受理机关。根据《森林法实施条例》第 5 条明确规定，县级人民政府林业主管部门是本行政区域内林权登记申请的受理主体，除此之外的各类经济开发区、风景名胜区等管理机构，都没有受理林权登记的权限。

（2）受理规定。林业主管部门对于登记申请材料齐全的，要依法及时予以受理。在审核林权登记申请人的申请材料时，主要审核四个方面的条件：一是申请主体合格，即申请人是林权来源证明文件的接受人，并身份证明材料合法有效；二是属于管辖范围，即是在本行政区域的林地；三是林权来源证明文件符合法定形式；四是《林权登记申请表》等申请材料齐全一致。对林权登记申请表填写不准确，申请人有关身份证明材料或委托授权书不齐备、不合规，申请登记的权属证明文件和省、自治区、直辖市人民政府林业主管部门要求提交的其他有关文件缺失的，不得受理，并及时通知申请人补正材料后重新申请。

2. 公 告

林业主管部门对已经受理的登记申请，应当自受理之日起 10 个工作日内，在森林、林木和林地所在地通过报纸、广播、网络或其他方式进行公告。公告期为 30 天。

在公告期内，有关利害关系人如对登记申请提出异议，登记机关应当对其所提出的异议进行调查核实。如有关利害关系人提出的异议主张合法有效，属于林权权属争议的，应暂停登记申请的受理并移交权属争议调处机关处理后，依据处理结果，再重新受理；属于申请人侵权的，应停止受理，并通知申请人。如有关利害关系人提出的异议主张无效的，应继续受理。

3. 现场勘测

现场勘测是林业主管部门组织有资质的林业调查队伍，现场核实申请登记的林地所有权权利人、林地使用权权利人、森林或林木所有权权利人、森林或林木使用权权利人、林地及其地上林木坐落位置、小地名、所在林班和小班、林地面积、主要树种、林木株数、林种、林地四至等是否准确，申请材料中的权属证明材料是否合法有效，有关图件中标明的界桩、明显地物标志、界限是否与实际相符合。

因此，林业主管部门要组建专门的林权实地勘测工作队伍，加强组织领导，业务指导和质量监督，现场勘测工作应当委托有资质的林业调查规划设计单位承担，也就是说林业调查规划设计单位是实施林权现场勘测的主体。林业调查规划设计单位应当选派有资质的专业技术人员从事现场勘测工作，因专业技术人员不足，需聘用林业部门有调查员资格或参加过二类调查的林业大、中专学历的技术人员的，林业主管部门应当给予支持。造成林权现场勘测错误的，林业调查规划设计单位承担责任。

现场勘测内容主要包括以下六个方面：

（1）宗地区划。林权宗地是以以林权主体为基础并考虑相关因子而区划界定的地块，具体操作过程中，应当把握三个原则。

第一，林权主体不同原则。按照权利人的不同进行区划界定。林权权利人为生产经营便利，要求将相邻宗地进行合并的，应当予以支持，可以按照共有林权进行勘测登记。

第二，林权权利不同原则。主要是指林权权利内容和林权来源方式的不同，对于林地使用期限不同，特别是自留山长期使用的，要区划为不同宗地；对林权转移合同有依法特别规定的，也要区划为不同宗地。

第三，经营类型不同原则。对于林种不同以及划定为重点公益林、地方公益林的，要区划为不同宗地。

（2）宗地位置确定。宗地位置是宗地的坐落地点，通常表述方法是：行政村—自然村—宗地名称，林班号—大班号—小班号。有条件的地方可增加 GPS 坐标。行政村以民政部门确认的名称，自然村和宗地名称使用地图上标有的地名，地图上没有标注地名的用当地群众普遍认可的地名。

（3）四至认定。宗地四至是宗地的界限，通常以东南西北为顺序的四个方向，记载明显的地貌地物，没有明显的地貌地物的，可人为设置固定的标记物。

（4）面积计算。宗地面积测算方法主要有解析法面积测算和图解法面积测算两种，解析法面积测算是根据实测的数值计算面积的方法。图解法面积测算是从图纸上测算面积的方法。具体选择哪种测算方法，要以行政村以上为单位进行统一，做到同一个标准和同一把尺子。同时要十分注意林地面积的总量控制，各宗地面积之和与控制面积相差在允许误差范围内的，按照"层层控制，分级量算，按比例平差"的原则量算宗地面积；各宗地面积之和与控制面积相差超过允许误差范围内的，要重新测算面积。这里的控制面积是指民政部门行政区划勘界的面积和林地利用规划测绘的面积。

（5）林分状况调查。林分状况是按照实际需要确定调查因子，主要包括林种和林木状况等，林种分用材林、经济林、薪炭林、防护林和特种用途林，通常也将用材林、经济林、薪炭林归为商品林，防护林和特种用途林归为公益林。林木状况主要是调查树种、株数或蓄积、人工林实际造林时间或天然林龄组等。

（6）宗地图制作。林权实地勘界要绘制宗地图，作为林权证和林权证登记申请表中的附图。在制作宗地图时，一般使用 14 厘米×17 厘米规格的图幅，详细注明宗地名称和编号、权利人、指北方向、比例尺、图例、绘制单位和人员、实地勘界和绘制时间等内容。

林业主管部门进行审查，判断是否符合取得林权证必须符合的条件：

（1）有关的图表完备、材料齐全。这是办理林权证的形式要件。核发林权证时，当事人必须提供森林、林木、林地的所有权或使用权的证明，有关的图片资料。

（2）森林、林木和林地位置、四至界限、林种、面积或者株数等准确数据。在核发林权证时，要实地调查、考察界限、林种、面积或者株数是否清楚，如果边界不明确，不能核发林权证。

（3）附图中标明的界桩、明显地物标志与实地相结合。当事人提供的图标、资料必须与实际的相一致，不得提供虚假的资料。

（4）森林、林木和林地权属无争议。这是办理林权证的实质条件，要求森林、林木和林地权属明确，排除其他单位或个人对同样的森林、林木和林地权属申请发证。

（三）登记发证

各级林业主管部门作为同级地方人民政府的林权登记事宜承办机关，林业主管部门应当自受理申请之日起 3 个月内，报请同级人民政府予以林权登记并核发林权证书。地方各级人民政府应对同级林业主管部门报请予以林权登记并核发林权证的请示进行审查、核准，防止出现重复林权登记或林地与耕地、草地、使用水面等登记发证重叠情况，经审查、核准无误的，准予登记并及时核发林权证。地方各级人民政府的审查、核准程序是林权发证的必须履行的程序，林权证内的发证机关盖章处只有县级以上地方人民政府或国务院林业主管部门盖章后生效，使用其他印章是无效的。国务院林业主管部门或者省、自治区、直辖市人民政府以及设区的市、自治州人民政府核发林权证的，登记机关应当将核发林权证的情况通知有关地方人民政府。登记机关对于经过登记机关审查准予登记的申请，应当及时核发林权证。对不予登记的申请，登记机关应当以书面形式向提出登记申请的林权权利人告知不予登记的理由。

林权证是县级以上地方人民政府或国务院林业主管部门，依据《森林法》和《农村土地承包法》的有关规定，按照有关程序，对国家所有的和集体所有的森林、林木和林地，个人所有的林木和使用的林地，确认所有权或者使用权，并登记造册，核发的证书。《森林法实施条例》规定"森林、林木和林地的权属证书式样由国务院林业主管部门规定。"据此，国家林业局规定了全国统一式样的林权证，其外封为绿色塑封，印有烫金国徽和"中华人民共和国林权证"字样，内封套印经过公安机关备案的"国家林业局林权证管理专用章"。林权证具有防伪标志并实行全国统一编号，自 2000 年 1 月 29 日起正式启用。按照国家林业局要求，林权证由国家林业局指定厂家印制、省级林业主管部门负责核发。同时，林权证书不得违反规定私自印制和核发。各级林业主管部门要以对广大林权权利人负责的态度，做好林权证的核发管理工作，力争不使一份无效证件发给林权权利人，以免造成不必要的损失和林权纠纷。

统一的林权证记载着以下内容：森林、林木、林地的所有者或经营管理者；森林、林木、林地的坐落位置、面积、四至界限、林种、树种、株数等自然情况；地块范围、边界认定书并附图，还有的记载林权变更以及有关山、林权属协议的说明，等等。

（四）建立档案

林权登记发证后，林权管理机构应当建立林权登记档案，配备林权勘测、林权证核发和档案管理所必要的设施，建立林权登记日常管理和林权登记资料公开查询制度。发现林权证错登、漏登或者遗失、损坏的，经有关林权权利人申请，原林权登记受理机关应及时给予更正或者补正。

　　另外，林权发生变更的，林权权利人应当到初始登记机关申请变更登记，林地被依法征收或者由于其他原因造成林地灭失的，原林权权利人应当到初始登记机关申请办理注销登记，并提供林权登记申请表、林权证、林权依法变更或者灭失的有关证明文件等材料。

三、林权登记的内容

　　所谓登记内容，就是不动产登记机关应当在不动产登记簿上加以记载的内容。《物权法》第十六条规定："不动产登记簿是物权归属和内容的根据。"然而，《物权法》并未设定林权登记簿的具体内容，与林权有关的法律法规也没有规定林权登记簿该如何设置，以致目前的林权登记实务中多以林权登记台账（清册）代替林权登记簿，是将申请材料的机械整合。不论是在编成体例，登记类型的项目设置还是在登记簿的公开上，林权登记簿都亟待规范。

　　结合林权制度改革的实践，由于林权的确认要先登载于林权登记台账后，才能核发林权证，因此，林权登记的内容，可从国家林业局颁发的全国统一式样的林权证略见一斑。目前，林权证的内容包括以下几个方面：

　　（1）林权权利人。林权权利人包括林地所有权权利人、林地使用权权利人、森林或林木所有权权利人、森林或林木使用权权利人。

　　（2）森林、林木或林地的自然状态。即森林、林木或林地的面积、树种、株数、主要树种、林地使用期限等。

　　（3）登记类型。即此林权登记是初始登记或变更登记等。

　　（4）登记权利内容。林权登记的权利内容包括林地所有权、森林或林木所有权、林地使用权、森林或林木使用权。

四、林权登记的效力

　　林权登记是物权变动的公示手段，《森林法实施条例》第3条规定："依法登记的森林、林木和林地的所有权、使用权受法律保护，任何单位和个人不得侵犯。"根据我国现行法律的规定，登记的效力分为设权效力、对抗效力和处分要件三类。在林权登记中，应根据不同的林权变动区分登记的效力。同时，登记的设权效力主要存在于林权抵押权，即林地承包经营权、抵押权和森林、林木抵押权，能为一般的不动产抵押登记所规范。

（一）登记的对抗效力

1. 林地使用权

　　关于林地承包经营权，《物权法》确认的是林地承包经营权取得的契约生效主义，是意思主义的物权变动模式，无需登记即可生效。同时，根据《农村土地承包法》第23

条，林地承包经营权要由县级以上地方人民政府向承包方颁发林权证，并登记造册，来确认林地承包经营权。《森林法实施条例》也规定："国家依法实行森林、林木和林地登记发证制度。依法登记的森林、林木和林地的使用权受法律保护，任何单位和个人不得侵犯；改变森林、林木和林地使用权的，应当依法办理变更登记手续。"由此可见，林地承包经营权的取得，由当事人之间意思一致，订立契约，就可以发生物权变动的效力。虽然上述规定并未明确登记的效力，但从立法意图可知，其倡导对这类物权取得进行登记，且经登记后的权利能够得到确认，具备了受法律保护的公信力。可见，对林地承包经营权的登记应赋予其对抗效力。其他类型的林地使用权也是如此，其产生均来自开发森林资源财产属性之交易的需要，有交易才会产生对第三人信赖利益的保护，如若不存在交易，也不会有维护交易安全之需要。因此，为鼓励林权人维护自己的财产权利，应对其他林地使用权的登记也应赋予对抗效力。

2. 森林、林木使用权

《森林法实施条例》规定："依法登记的森林、林木的使用权受法律保护，任何单位和个人不得侵犯；改变森林、林木和林地使用权的，应当依法办理变更登记手续。"但关于这类物权的设立如果没有进行登记，它能否产生法律效果，《森林法实施条例》却没有明确规定，《物权法》也只是对设立这类合同的效力做了规定，其登记的效力则不得而知。森林使用权和林木经营权的设立的登记应赋予其对抗效力，虽然对森林、林木利用涉及的是平等主体之间的权利，但其法律关系到生态环境的保护和林业资源的持续利用，所以对该权利的取得应鼓励其进行登记，接受一定的限制和要求，同时，为维持不动产权利秩序，在登记统一的机制上，将林地承包经营权和森林、林木使用权进行一体化处理也有利于交易秩序的统一。

（二）非依法律行为产生的林权变动的宣示效力

根据《物权法》规定"基于法律行为产生的物权变动"以登记为生效要件，且一切不动产物权变动基于法律行为发生时，原则上适用登记生效规则。但依照本法第28条至第30条的规定，物权的变动还可因法院判决、政府征收决定、继承或者遗赠以及合法建造房屋等，直接发生效力，而不必遵循依法律行为而进行的物权变动应当遵循的一般公示方法。非依法律行为的不动产物权变动无需登记，只要物权变动的原因事实发生、完成或者具有确定的效力，不动产物权变动即已完成。因此，其进行登记的效力既非设权效力，也非对抗效力，而是宣示的效力。非依法律行为产生的林权变动主要有以下几类：

（1）法律直接确定的森林、林木和林地所有权。例如《物权法》第48条规定，森林、山岭、荒地、滩涂等自然资源属于国家，但法律规定属于集体的除外。《森林法》第3条也规定，森林资源属于国家所有，由法律规定属于集体所有的除外。

（2）公法行为引起的林权变动。根据《物权法》第28条的规定，涉及林权的人民法院、仲裁委员会的法律文书或者政府的征收决定等，导致物权的设立、变更、转让或者消灭的，自法律文书或者人民政府征收决定等生效时发生效力。这里的人民法院判决应为依法院判决而产生的取得物权效果的形成判决，并不包括确定判决和给付判决。其原因在于确定判决是确定某种权利或确定某种法律关系是否存在，给付判决是判令一方为某种给付行为，例如移转一方所享有的物权，其均非直接创设权利，而形成判决因直接为当事人创设权利而使物权发生变动，在司法实践中以分割共有不动产物权为典型。

（3）因继承和遗赠行为而产生的林权变动。《物权法》第 29 条规定，因继承或者受遗赠取得物权的，自继承或者受遗赠开始时发生效力。例如，《农村土地承包经营法》第 31 条规定，承包人应得的承包收益，依照继承法的规定继承。林地承包的承包人死亡，其继承人可以在承包期内继续承包。

（4）事实行为。《森林法》第 27 条规定，集体所有制单位营造的林木，归该单位所有。农村居民在房前屋后、自留地、自留山种植的林木，归个人所有。城镇居民和职工在自有房屋的庭院内种植的林木，归个人所有。集体或者个人承包国家所有和集体所有的宜林荒山荒地造林的，承包后种植的林木归承包的集体或者个人所有。

五、不予登记的情形

各级林业主管部门要把权属证明文件是否合法有效以及申请人是否具有申请资格作为林权登记审查的重点。按照《农村土地承包法》的有关规定，因农村集体林地承包经营权发生流转，当事人申请林地承包经营权变更登记时，对于以下几种情形应当不予登记：

（1）采取转让或者互换方式对林地承包经营权进行流转，转让方未依法登记取得林权证，受让方直接申请登记的。

（2）采取转包和出租方式对林地承包经营权进行流转，原承包关系不变，受转包方和承租方申请登记的。

（3）没有稳定的非农职业或者没有稳定的收入来源的农户，将通过家庭承包取得的林地承包经营权转让给其他从事农业生产的农户，受让方申请登记的。

（4）有稳定的非农职业或者有稳定的收入来源的农户，将通过家庭承包取得的林地承包经营权采取转让方式转让给非农户，受让方申请登记的。

（5）不宜采取家庭承包方式的荒山、荒沟、荒丘、荒滩等农村林地发包给集体经济组织以外的单位或个人承包，若承包方不能提供该承包经本集体经济组织成员的村民会议 2/3 以上成员或者 2/3 以上村民代表的同意的证明文件和当地乡（镇）人民政府的批准文件，承包方申请登记的。

（6）不宜采取家庭承包方式的荒山、荒沟、荒丘、荒滩等，依法采用其他方式承包后，经依法登记取得林权证，其林地承包经营权权不是采取转让方式流转的，受流转方申请登记的。

（7）其他不符合有关法律规定的申请林权登记条件的。

六、不动产统一登记的发展

2013 年 3 月 10 日，《第十二届全国人民代表大会第一次会议关于国务院机构改革和职能转变方案的决定（草案）》（下称《方案》）提交人民代表大会进行审议，《方案》要求转变政府职能，减少部门职责交叉和分散。时任国务委员兼国务院秘书长的马凯在会议上所作的《关于国务院机构改革和职能转变方案的说明》中指出："按照同一件事由一个部门负责的原则，整合房屋登记、林地登记、草原登记、土地登记的职责"，"加强基础性制度建设，建立不动产统一登记制度，以更好地落实物权法规定，保障不动产交易安全，有效保护不动产权利人的合法财产权"。《方案》于 2013 年 3 月 14 日批准通过。

随后，国务院办公厅下发《关于实施〈国务院机构改革和职能转变方案〉任务分工的通知》，要求用 3～5 年时间完成《方案》提出的各项任务，加快建设职能科学、结构优化、廉洁高效、人民满意的服务型政府。其中有关林权登记的部分具体包括：

（1）2013 年 4 月底前由中央编制办完成整合房屋登记、林地登记、草原登记、土地登记的职责等；

（2）2014 年 6 月前由国土资源部、住房城乡建设部会同法制办、税务总局等有关部门负责，出台并实施不动产统一登记制度；

（3）2015 年前由民政部与中央编制办分别负责，基本形成统一登记、各司其职、协调配合、分级负责、依法监管的社会组织管理体制。

自此，不动产分别登记的局面即将扭转，林权或将与其他不动产一起由专门的条例规定，由专门机构管理，进行统一登记。不动产的统一登记具有深远意义：

第一，对不动产物权权利人来说，不动产统一登记制度根据统一的立法明确了受理申请的登记机关，统一了登记程序，申请人在登记程序中的权利、义务和责任一目了然，提高了权利人办理登记的积极性，有利于保护权利人的合法权益。统一不动产登记簿、权属证书，使不动产物权的具体内容确定，查询不动产物权权利归属等基本情况更加方便、准确。

第二，对于登记机关来讲，不动产统一登记制度下由统一的登记机关负责登记，可以统一调配现有资源，合理分配任务，各部门权责明确，层级分明，消除了竞争，加强了合作和交流。有效避免了冗员冗费和因权力交叉导致的相互推诿以及重复登记等情况，有助于提高工作效率，降低登记成本，节省社会资源。统一登记程序、登记簿、权属证书等措施，减轻了登记机关的工作负担，便于统计不动产物权的设立、变更、消灭，为国家开展征税、保护耕地等进一步的工作提供可靠信息。

第三，从整个不动产交易市场来讲，登记机关依照统一登记程序处理登记申请，整个过程严谨、简捷，不动产物权设立、变更、消灭的情况清楚，权属明确，能有效防止一地二卖、一房二卖以及重复抵押等欺诈行为的发生。不动产登记簿统一格式，统一管理，不动产交易当事人以及利害关系人确认、查询不动产的物权的权属、位置、面积、担保物权情形、质押权情形等事项十分方便，而且信息的真实性有保证。交易后，变更物权、设立抵押登记、质押登记等方面的手续也并不复杂。不动产登记的收费标准统一、确定，乱收费现象减少，节省了交易成本。不动产统一登记制度有效地提高了不动产交易的安全性，降低了风险，维护了交易秩序，有利于不动产交易市场的繁荣。

第九章　林权档案管理

第一节　林权档案概述

　　林权登记发证是一项工作量大、程序繁杂、政策性强的工作，对森林、林木和林地的确权发证又是一项动态性工作，森林、林木、林地在不断消长变化，其权属也是不断变化的，对森林、林木、林地的确权发证不能一蹴而就、一成不变。因此，加强林权管理，必须建立健全林权档案制度，在确认林权，成图造册，核发森林、林木和林地所有权、使用权证书后，应建立起与林权实际相符合的林权档案。

一、林权档案的含义

　　林权档案的分类与管理，至今没有统一的规定。对于集体林权的档案分类与管理，2013 年 5 月 2 日，国家林业局与国家档案局联合发布第 33 号令，公布《集体林权制度改革档案管理办法》，2013 年 6 月 22 日起施行。《集体林权制度改革档案管理办法》（下称《管理办法》）第二条的规定，林权档案是指在林权制度改革过程中形成的对国家和社会具有保存价值的文字、图表、声像、数据等各种形式或者载体文件材料的总称。林权档案是林权制度改革的重要成果和历史记录，尤其是林权登记类档案，即在林权登记过程中形成的有保存价值的原始记录材料，真实反映了森林、林木、林地权属的主体、客体的确认和变更情况，为解决森林、林木、林地的权属纠纷，处理好国家、集体、个人在林业生产经营活动中的经济关系提供了法律依据，起到保护森林、林木、林地和进一步调动群众造林、护林积极性的作用。建立和健全林权档案制度是林权制度改革的重要内容，贯穿于林改工作的全过程，要与林改工作同步进行。

二、林权档案的分类

　　为了规范档案的管理、妥善保存并方便利用，需将林权档案按照一定标准进行分类归档。根据《管理办法》规定，林权档案大类和属类设定参照《集体林权制度改革文件材料归档范围及保管期限表》执行，主要划分为林改综合类档案、确权和林权登记类档案、纠纷调处类档案、特殊载体类档案：

（一）林改综合类档案

综合类的文件一般包括：省、市、县涉及林权制度改革及其林业经营管理活动中有关林权管理的方针、政策、法律、法规，省、市林权制度改革检查验收资料，以及其他有关的规范性文件等基础资料；各乡镇街道针对林改工作的政策性文件、通知、办法、意见、检查验收办法；县、乡、村的实施方案、批复，村民对本组实施方案通过开会后的表决情况（村民签字）；各级工作计划、工作总结、会议记录、针对性的汇报材料及批复等。这些文件一般秉持"谁产生，谁保管"的原则，由主办单位归档保存。

（二）确权和林权登记类档案

林权登记档案主要是对林权三要素的信息记载，包括主体的确认、变更；客体的界限、规模；行为上的抵押、租用、注销等。一般来说，应包括以下内容：林权人身份证明、林权登记申请表；林权初始登记中依法形成的宗地权源资料和技术数据，如宗地区划图、外业调查表、权属基本图、勘界记录等；林权登记公示材料，登记机关的调查资料和审核意见；林权变更登记过程中形成的宗地权属变化文件证明等。林权登记档案由县级以上地方人民政府承办林权登记发证事宜的林业主管部门归档保存，有条件的地区可同时将一套原件移交同级国家综合档案馆保存。

（三）纠纷调处类档案

纠纷调处类档案主要包括：林权争议登记表，林权争议协商或调解协议书，林木林地权属争议处理申请书，林权争议处理意见书；林权争议地块位置示意图及林权界线确认书；在基层无法达成调解、协议的通过人民法院进行的判决书、裁定书、调解书等。纠纷调处过程中产生的需要归档管理的档案，由受理机关或单位归档保存。

（四）特殊载体类档案

特殊载体类的档案主要包括：党和国家领导人、上级机关领导等视察、检查林权管理工作时形成的重要指示、讲话、题词和有特殊保存价值的照片、声像材料等；林改过程中形成的会议、培训、领导讲话、领导题词、操作现场等声像资料。

各级档案行政管理机关应积极协助同级林业主管部门，把应归档的文件列入归档范围，并划分出档案的保存期限。对不属于归档范围的文件材料，可由材料的产生和使用部门自行保存一段时间后按有关规定销毁。

三、林权档案的保管期限

划分档案的保存期限是对进入归档范围的文件材料，根据其在日后保存过程中可能产生的不同作用来确定档案的"生存期"，提出应保存的年限，也是对文件价值的进一步判定，是决定档案命运的关键所在。根据《管理办法》的规定，林权档案保管期限分为永久和定期：林权档案具有重要查考利用保存价值的，应当永久保存；具有一般利用保存价值的，应当定期保存，期限为 30 年或者 10 年。具体划分办法按照《集体林权制度改革文件材料归档范围及保管期限表》执行。

有关确权和林权登记类的档案，以及纠纷调处类的档案应当永久保存。本机关、本单位的政策性文件；重要会议、重大活动、重要业务文件；重要问题的请示与批复，重要的报告、总结、统计、汇总材料；重要的合同协议、凭证性文件材料；上、下、同级机关关于重要业务问题的往来文件等，应定为永久保管。上级机关颁发的需要本机关、本单位贯彻执行的文件和一般职能活动形成的一般性、过程性文件可定为定期保管。对于具体文件的具体保管期限可参照《集体林权制度改革文件材料归档范围及保管期限表》。

各单位在确定本单位档案保管期限时应注意的问题如下：

（一）注意文件之间的联系，把握事由的完整性

应归档的文件材料虽然都是单份的，但它们不是孤立的。由于工作的客观需要形成的文件彼此之间是有联系的，如只有请示没有批复，请示就没有什么价值。一个案件，只有检举揭发材料，没有查证核实和结论材料，这个案件的价值就不易划高。因此划分文件材料的保存价值时，要注意文件之间的联系，将密不可分的和有必然逻辑联系的放在一起来判定它的价值。

（二）分析文件内容的价值，把握文件的重要程度

文件的保管期限主要取决于文件的内容。从内容上看，如果与本机关主要职能活动有密切联系的，期限就长，反之就短；起凭证作用、时效性长的，价值就高，反之就低。主要看文件内容的重要程度、作用大小，而不能机械地规定上级文件永久保存。本级和下级的定期保存，这种判定是错误的。

（三）研究文件的不同作用，把握文件的使用价值

根据国务院办公厅发布的《国家行政机关公文处理办法》的规定，国家行政机关的公文有十类十五种。每种文件在其工作活动中起着不同的作用。如，会议形成很多作用不同的文件，在划定保管期限时，会议的主要文件和辅助文件的价值和作用不同。一般情况下文件的内容与作用是一致的，但是同一内容的文件，结论性文件与过程性文件的作用是不相同的，在划分保管期限时不可等同。

四、林权档案管理的重要意义

为确保林权档案完整、准确、系统，根据《中华人民共和国档案法》，《中华人民共和国档案法实施办法》、《国家林业局关于加强集体林权制度改革档案工作的意见》、《集体林权制度改革档案管理办法》以及相关的林权档案法律法规，加强林权档案管理的现实意义主要体现在以下三个方面：

（一）维护主体合法权益

集体林权制度改革的主要目的是下放林地、林木的所有权、管理权和经营权，让农村农民在作为造林护林的主要力量的同时，能够成为林改的受益对象，集体林权制度改革才能得到广大百姓的支持。林地林木的经营权和所有权一旦确定，就必须受到保护，保障林权所有人的权益不受侵害。此时，就需要发挥林权档案的作用了，通过林权档案的建立，把林权制度改革的重点，林权所有人的各项权利和相应的义务以书面的形式呈现出来，不仅能够对权利进行保护，也能够保护林权主体的相关权益。

（二）推进林改依法进行

林改工作不仅要经历一个工作量大、程序复杂的过程，而且会涉及一些利益相关者的权益分配，这必然会遇到重重阻碍。因此，必须依法操作并及时完善档案记录可以保证林改的公平公正，方能保证林改工作的顺利开展，这就要求每一个环节的工作开展都要全面考虑、落实好每一个环节，任何一个过程中出现了纰漏，都有可能给林改工作带来极大的困扰。在林改工作推进的同时，也要建立相应的档案并逐步完善，这样才可以保证各个环节之间的紧密衔接和逐步推进。

（三）促进林业可持续发展

遵循林改制度，做好林改工作，其长远目标是推进林业事业的长远发展，是一件功在当代，利在千秋的大事，这需要人们的长期努力。而建立完整的林权档案不仅可以依法推动林改工作的顺利进行，记录林改过程中的权力、权益和职责的变动和最终归属，而且能够形成科学、规范的文字记录，对林改的方针、目标、原则、过程和结果进行完整的描述，有利于相关单位在人事变迁时，方便林改工作的交接和档案的留存，查阅和参考前期林改工作完成的进度和质量，为后期的林改推进制订计划，这对林业的可持续发展具有重要意义。

第二节　林权档案的管理及查询

根据《管理办法》规定，林权档案的管理工作是指对林权档案的收集、整理、鉴定、保管、编研、利用等工作。确认林权，成图造册，核发森林、林木和林地所有权、使用权证书后，应以乡（镇）为单位，建立起林权档案。档案中图、表、证书必须与林权实际相符。档案建立后，要有专人管理，并根据权属变化情况及时更换内容，使图、表、册，人、地、证始终与林权实际相符。可见，林权档案管理具有政策性强、历史沿革长、权属关系复杂、数据文字精确、事关国家与个人利益、事关社会稳定等特点，必须引起档案工作者和社会各界的关注和重视，避免出现归属不清、权责不明、测量资料残缺等现象。因此，林权档案需要工作人员既要遵循档案工作规律，勤奋务实、严谨细致地展开工作，又要根据林权管理的特点，大胆创新工作方法，实现林权档案管理最优化，服务群众最大化。林权档案不属于秘密档案，只要按照一定程序性，林权权利人以及其他有关人员根据需要可以进行查询和咨询。

一、林权档案的管理

林权档案管理，是林权管理的重要内容。林业主管部门要配备专职人员和必要的设施，加强对林权登记发证工作人员、林权纠纷调处人员、森林资源调查人员的培训，实行计算机等级、打印和管理，建立科学的林权档案管理制度。实践中，各级档案管理部门要发挥专业性强，工作经验多的专长，积极与林业部门密切配合，将档案管理的技术指导服务贯穿于集体林权制度改革全过程，精心筹划，完善机制，配备专岗专人，提高业务素质，保证档案管理与林改工作同步推进，同出成果。

（一）林权档案管理工作的基本原则

根据《档案法》第五条"档案工作实行统一领导、分级管理的原则，维护档案完整与安全，便于社会各方面的利用"的规定，结合林权档案管理工作的实际操作，《管理办法》提出了林权档案管理工作的基本原则。各设区市、县（市、区）以有利于档案安全保管和有效利用为要求，提出林权档案管理的具体规定，并按要求规范操作。

1. 统一管理原则

加强林权档案管理，是各级林业、档案部门的应尽职责。各地要严格按照林业、档案的有关法律法规和政策规定，根据林权制度改革的工作需要，明确档案管理要求，依法科学管理档案，将具有保存价值的文件、表格、材料、由专职或兼职的管理人员进行收集整理，统一制度，统一领导。

2. 分级负责原则

各级林业部门要按照档案工作的要求，认真抓好本机关、本单位的林权制度改革档案管理，同时指导所属单位做好林权制度改革档案材料的收集、整理、保管和利用等方面工作，县级林业主管部门要特别注意做好林权登记发证档案管理工作。各级档案行政管理部门应加强对本行政区域内林权制度改革档案工作的监督和指导。

3. 集中保管原则

林权档案是各级林业部门档案中不可分割的重要组成部分，对于资源调查表、林权登记申请表、勘界确认表以及测量图、各类林权登记台账、方案批准文件、林地承包确权合同、村、组实施方案等主要档案必须形成机关、单位集中保管，科学管理，实现档案资源信息共享，满足实际工作需要。

4. 同步进行原则

档案管理是林权管理工作的重要内容。各级林业部门成立了林权改革办公室，并指定一名人员专管文件档案的收集。档案管理要与改革工作同步进行，要求各级档案部门与林业部门密切配合，做到改革工作进展到哪里，档案工作就延伸到哪里。要确保林权制度改革的全过程档案资料的完整、准确与系统，使之及时、完整、准确地反映集体林权制度改革状况。

5. 规范运作原则

林权制度改革是一项系统工程，改革过程中形成的档案材料较多，归档工作量大，规范运作是确保档案质量和有序管理的重要保证，各地应以有利于档案安全保管和有效利用为原则，提出林权制度改革档案管理的具体要求，并严格按要求规范操作。

这五项原则中统一管理原则和分级管理原则是档案工作一贯坚持的基本原则，其他三项原则是根据林权档案管理工作的实际有针对性地提出的原则要求，特别是同步进行原则与规范运作原则的要求，就是结合林权制度改革工作的政策性强、时间跨度大、文件资料的数量和门类多等特点，要求林权制度改革档案工作必须与改革推进工作同步展开，确保改革过程中的档案材料，能够得到有效的积累、整理、保管和利用，使林权档案的管理工作对改革真正起到保障作用。

（二）林权档案管理工作的规范

各级林业部门要根据档案管理的有关法律法规，健全各项管理制度，规范和加强林权档案管理，确保档案工作质量。

1. 要确保档案的形成质量

归档文件应为原件，因特殊原因留存复制件的，必须由经办人核准，并注明原件的存放处。凡需归档的文件材料要确保真实有效，做到字迹工整、数据准确、图样清晰，签字盖章、日期等具有法律效力的标识完整齐备，使用的书写材料、纸张和装订材料等应符合档案保护的要求。照片和图片要有文字说明。非纸质材料要配以相应的目录和说明，并确保载体的有效性，重要的电子文件要使用不可擦写光盘，并制成纸质档案保存。把好档案形成的质量关，对于后续的档案管理大有益处。

2. 要做好档案的收集整理

各级林业部门及有关单位，应指定专人负责林权档案的整理工作并严格执行档案管理制度。对于已办理完毕需归档的文件材料应及时归档，不得据为己有和拒绝归档。林权档案中的文件类材料，一般应按年度归档整理；资源调查、林权勘测等图纸资料，一般应装订或折叠成册；确权和林权登记类中有关确认森林、林木、林地权属、实地勘界、登记和林权证审核发放等文件材料，应当以农户或者宗地为单元，进行整理、归档和管理，权属发生变化时，应及时补充变更记录。

文件资料归档整理后，应编制档案检索目录，有条件的单位应建立档案信息管理系统。这是对档案管理的专业要求，操作性较强，在实践工作中可能有许多工作人员对档案工作不太熟悉，在这方面林业部门和档案部门要加强档案工作研究，建立档案工作领导人负责制和档案管理人员责任制，配备业务素质高、工作责任心强的人员负责林权档案工作，健全各项制度，完善档案工作体系。要加强对档案工作人员的业务技术培训，提高业务素质。通过不同的形式增加工作交流，促进自身的不断进步，并及时在林业部门档案管理人员中普及先进的档案管理经验。档案工作人员要认真执行档案工作的各项规章制度，严格按照有关要求，认真做好林权档案工作。对表现优秀的给予表扬和奖励，对工作做得不到位的督促限期整顿，对违反档案法律法规的依法送处，最终促使档案管理人员重视档案管理工作。

3. 要做好档案的保管和移交

各级林业部门要明确林权档案保管的责任单位，根据工作需要配备档案库房或档案专柜及相应的设施设备，采取各种防范措施，切实做好防火、防盗、防潮、防光、防污染、防鼠、防虫等工作，确保档案安全。村级林权档案应指定专人进行保管，对不具备档案安全保管条件的可由乡（镇）代为保管。这主要是针对档案保管的硬件条件提出的要求，但同时也要强调档案保管制度建设的重要性。许多档案丢失、缺页、涂改、破损等，往往都是因为制度不健全，管理不规范造成的。并且，还要注意文件资料要随辖区等变化而及时进行更新、补充和变更。归档整理后，应编制检索目录，甚至在经济条件允许的条件下建立档案信息管理系统。

在档案移交方面，县级林权档案要按照国家有关法律、法规规定，在保管一定期限（《档案法》规定为 10 年）后按时向县级国家综合档案馆移交。另外，经同级林业主管部门和档案行政管理部门协商同意，林权档案可以提前移交，并按规定办理移交手续。乡（镇）人民政府档案机构和集体经济组织应当加强林权档案的保管和移交工作。集体经济组织不具备档案保管条件的可以将林权档案移交乡（镇）人民政府档案机构保管，经县级林业主管部门和档案行政管理部门验收后，依法及时移交县级国家档案馆统一保管。县级林业主管部门、乡（镇）人民政府档案机构在移交档案之前，应当保留备份或者复印件。森林、林木和林地权属登记、林权证发放等形成的文件资料原件一式两套，一套留县级林业主管部门、一套移交同级国家档案馆永久保存。

由于大部分林业资源丰富的地区的环境不是那么优越，大多数县级林业部门和乡（镇）、村级单位的办公条件较简陋，有些地方没有专门设置的档案库房，档案的安全很难保证，需要时也比较难找。因此，要加强与县级国家综合档案部门的密切配合，及时主动地做好档案的交接工作。同时，档案部门应将进馆档案情况向移交部门反馈，确保档案资料的完整性和安全性。

4. 要做好档案的利用服务

要贯彻党和国家的保密制度和有关的保密规定，自觉遵守保密守则。除确需保密的之外，应当按照有关规定，为社会提供利用服务。在提供档案利用服务时，不得损害国家、社会和其他组织的利益，不得侵犯他人的合法权益。档案移交单位利用有关档案资料时，各级国家综合档案馆应做好服务工作，免收除复制成本费外的其他各种费用，并为查阅档案提供便利条件。

严格履行档案借阅手续，防止丢失。借阅时应注意原始文件的保存，不得擅自扩大借阅范围，不得随意复印。不得携带档案参观、游览、访友和进出公共场合，发生丢失、泄密者视情节予以处理。到期要销毁的档案，必须经过鉴定后，造册登记，指定专人监督销毁，不得随意买卖或乱堆放，杜绝档案丢失、被盗事件的发生。

（三）林权档案的管理机构

林权档案管理应按照文件内容分别建立，同时按照省、市、县（乡）、村进行分级归档管理，确保林权档案完整性、准确性和系统性。

1. 省、市级林业部门

省、市级林业部门主要负责内容为对全省的林权档案管理工作进行监督、检查、指导和验收；制定具体方案；组织相关人员进行培训；进行摸底调查，等等，因此省市级林业主管部门所形成的档案资料一般都是初期和后期的机关文书档案资料，如通知、办法、方案、督促检查等。

2. 县级林业部门

县级林业主管部门主要负责林木权利所有者的登记发证以及林权的流转记载，因而所保存的档案资料在内容上和类别上都较为丰富和全面，其形成的文件材料有以下几方面：①综合行政类文件，不仅包括其组织实施的计划、方案、自查总结和汇报等上下级来文、本级行文，还包括工作会议文件，以及宣传、培训、调研、请示、批复、简报、监督、检查、验收等重要资料汇编文件等；②资源调查类文件，除了辖区内各乡镇林木资源状况调查摸底图表、森林资源规划设计图表，还包括榜上所公示的原始资料，即人口状况登记表、汇总清册、统计表等；③林权登记类文件，包括林地林权登记申请表、林权登记现场文件、林木权属证明材料、林权交易登记表、林权人身份证明等；④合同协议类文件，即为辖区内的农民承包、租赁、股份分配协议等；⑤纠纷调解类文件，即林权发生争议后，为解决争议而进行调解所形成的记录、调解最终的意见和批复等；⑥电子类文件，包括照片以及录音录像资料，此外，还包括核发林权证过程的信息数据、光盘，甚至获得的奖牌、证书和锦旗等。

3. 乡镇级相关单位

乡镇政府是明晰产权实施的基层组织，其归档范围包括：①综合类，包括村级上报的实施方案及批复，乡镇上报的实施方案及批复、本级各种会议材料、文件、工作计划、工作宣传、检查、汇报、总结，林权证核发登记册（原件），合同、协议签订花名册（原件），上级下发的技术勘界规范通知、办法、操作要求及法规性、政策性文件材料，村上的请示与批复等；②资源调查类，包括本乡镇森林、林木、林地资源状况调查摸底范围表、图，各种汇总清册、统计表、参加林改的户数、人口状况登记表、册，即各村三榜公示材料复印件（原件由县林业主管部门保存）；③林权登记类，包括本乡镇林权（堪界）登记申请表，林权登记现场勘验表及相关证明材料，林木、林地权属证明材料；④合同类，包括乡镇农民承包合同、协议，联户发证委托书，股份制章程等；⑤纠纷调处类，林权争议及来信来访和调查处理形成的文件材料；⑥声像电子实物类，林权证输机核发形成的管理信息系统数据光盘，各种音像资料等。

4. 村级相关单位

村级相关单位管理的林权档案主要是林权资料的一些存根，以及以组为单位的村民们对林权相关的方案进行的表决、结果公示、会议记录、纠纷登记等。具体包括：①综合类，包括上报的实施方案及批复，行政村村民代表会议记录，村民小组会议记录、会议通知、决议、会议签到册，表决票，林权证核发清册（复印件），招标、拍卖等其他承包方式的记录材料，行政村工作总结，验收申请和上级验收意见，上级下发的需贯彻执行的技术勘界、勾图等规范性通知、办法及法规性、政策性文件材料；②资源调查类，包括落实产权中各村的周查图表、清册，各村森林、林木、林地资源状况调查摸底范围表、图，各种汇总清册、统计表、人口状况登记表、册，三榜公示材料复印件；③合同类，包括该村农民家庭承包合同、协议，其他承包合同、协议，招标、拍卖等其他承包方式的记录材料等；④纠纷调处类，有关林权争议的来信来访及矛盾纠纷调处材料等。

（四）林权档案的立卷方法

林权档案作为文书档案进行管理，按照档案国家标准《文书档案案卷格式》（GB/T9705—88）和档案行业标准《归档文件整理规则》（DA/T22—2000）等有关标准的要求进行整理。根据各地实践情况，关于林权档案的立卷方法，各级林业主管部门和相关单位也有所不同。县级以上林业主管部门归档采取以"件"为单位归档保存，这是国家档案局第 8 号令新的归档办法。也就是说归档文件是以件（自然件）为单位，进行文件级整理。乡镇、村级建档采用以"卷"为单位进行组卷归档。因为乡镇、村级档案保管条件、管理设施有限，为了档案的安全和有效利用采取以"卷"为单位进行组卷归档，一个"组"装订一卷或若干卷，便于查找利用和安全保管也可结合本地工作实际情况采取其他适当的分类方法。例如，有的地区借鉴公安部门的户籍管理模式，以农民的初始登记资料为基础，实行"一户一档"的档案管理模式，实现单户农民林权档案资料的动态管理，切实推进林业资源的信息化管理，真实准确地反映林权、林情变化。

（五）强化林权档案管理的措施

1. 创新管理体制

为适应经济市场，林权档案管理体制应实事求是，灵活设置，对于山林面积较少的地区，档案数量有限，其档案管理可设立专人专职或兼职负责管理；对山区林权档案数量规模较大的，有必要建立档案部门。

2. 创新管理方式

在林权档案管理中，我们要注重探索工作新途径新手段，积极应用新技术新成果。现代档案管理的趋势是运用计算机技术。例如，可以运用计算机目录档案检索系统进行检索、查阅林权档案，提高档案利用时效。采取计算机打印附图，促进档案书写规范美观，以实现档案管理的数字化、自动化。计算机技术管理方式的建立，可以实现一次投入，多次使用，并且信息成果可多储存拷贝，方便群众和工作人员利用。同时，用计算机代替工作人员进行简单繁冗并且重复的体力劳动，可以大大减少档案管理人员的工作强度，从而提升工作人员的效率，充分利用和发挥计算机的潜能、提高林权档案的利用率。林权档案的现代化管理，还能防止伪造林权证和不公平的林权交易，对规范林地林木的流转，建立现代林业管理制度等具有深远的意义。

3. 创新服务机制

林权档案的利用群体主要是文化水平不高、法律常识不多、维权意识不强的农民，从而更加要求档案部门在服务内容、服务方式、服务作风等方面不断创新，真正为广大农民利益着想，使农民通过林权档案了解林地属性、林权流转情况、林权抵押贷款、森林资源资产评估、山林承包经营和招标信息等，从而引导农民开展山林合理化经营。

二、林权档案的查询

林权档案除确需保密的之外，应当按照有关规定，为社会提供利用服务。《管理办法》第二十一条规定，各级林权档案管理机构和国家档案馆应当按照有关规定向社会开放林权档案，为社会提供利用林权档案服务，但涉及国家秘密、个人隐私和法律另有规定的除外。

单位和个人持有合法身份证明，可以依法利用已经开放的林权档案。向国家档案馆移交林权档案的林业主管部门和其他经济组织，对其档案享有优先利用的权利。利用林权档案资料时，除依法收取的复制成本费外，不得收取其他费用。

随着林业经济的不断发展壮大以及林权交易的日趋活跃，林权档案的查询利用将会十分频繁。为此，林业主管部门和档案部门应该做好相应的物质、人员方面的准备工作。今后林权档案的利用对象主要是农民，档案保管部门应积极创造条件，简化利用手续，尽量方便农民查询利用，不得设置门槛或者收取不必要的费用。同时，查询者在查阅档案时，要有合法的身份证明，可以查询跟自己有关的林地档案资料，代他人查询的需要有委托材料。查阅档案一般应在林业局档案室内，如有特殊原因需要借出的，要办理登记手续，规定借阅时间。若需要摘抄部分内容，必须经档案管理人员同意，该需要摘抄的部分经过审阅后方可带出档案室。而且，借阅利用档案者有说明用途的责任，归还时也要进行登记。查阅需要复印的资料，应在档案存放部门规定的地方进行复印。借阅档案要保持安静、清洁卫生、不准携带易燃易爆危险品。

林权权利人在查询后，如果发现林权证错、漏登记的或者遗失、损坏的，或者林权证的内容与林权登记档案的内容不一致的，林权权利人有权请求更正登记或补办登记，如果造成林权权利人损害的，林权登记机构应该承担赔偿责任，林权登记机构赔偿后，可以依法向其他责任主体进行追偿。

第十章　林业保险制度

第一节　林业保险概述

保险是以集中起来的保险费建立保险基金，用于补偿因意外事故或自然灾害所造成的经济损失的一种方法。林业是国民经济支柱产业，但同时又是个充满风险的产业。在市场经济条件下开展林业保险，是恢复和稳定林业生产的一个重要经济手段。

一、林业保险的概念

我国没有林业保险的专门立法，也没有对其概念进行法律界定，而是将其涵盖于农业保险的法律范畴内。2013 年实施的《农业保险条例》第二条明确了农业保险的涵义，指保险机构根据农业保险合同，对被保险人在种植业、林业、畜牧业和渔业生产中因保险标的遭受约定的自然灾害、意外事故、疫病、疾病等保险事故所造成的财产损失，承担赔偿保险金责任的保险活动。因此，林业保险相关活动适用《农业保险条例》。

关于林业的定义多种多样，各学科都有自己定义林业的不同角度，有的将林业定义为"培育和保护森林以取得木材和其他林产品的生产事业"，有的将林业解释为"林业不仅是指森林的经营，还包括了林产品加工、分配、市场，林地资源与水资源的利用与保护，以及与林产品生产有关的自然、经济、社会、政治和文化等方面的因素"，还有的将林业表述为"在人和生物圈中，通过先进的科学技术和管理手段，从事培育、保护、利用森林资源，充分发挥森林的多种效益，且能持续经营森林资源，促进人口、经济、社会、环境和资源协调发展的基础性产业和社会公益事业"。这些提法从不同角度揭示了林业的涵义。但根据保险标的的范围和保险的三要素（危险的存在、多数人参加保险以及损失的填补），林业保险应当做狭义的理解，即以具有经济价值的天然原始林和各类人工营造林为标的，对它们在生长过程中，因约定的、人力不可抗拒的自然灾害和意外事故造成的经济损失，保险人按照保险合同规定向被保险人提供经济补偿的一项保险业务。在农业保险中，林业保险是一个具有明显特点的、重要的险种。

二、林业保险的特点

(一)林业保险的一般性法律特征

林业保险是保险中的一类保险,具有普通商业保险的基本法律特征。

第一,法律性。订立保险合同,双方达成意向,严格按照合同规定,投保人向保险人缴纳保费,当发生合同规定的损失时,保险人对被保险人给予合同规定的补偿。

第二,经济性。体现在农民投保的目的、对象和方法上,都是为了减少森林生产风险损失的不确定性。由于在林业生产过程中可能会发生的风险具有不确定性,为了减少林业生产不确定的损失,可以通过参加林业保险,将无法预计的损失转为可以确定的成本也就是保费,以此达到转移风险的目的,使未来可能发生的损失明确下来,这样才可能降低损失,得到希望的收益。

第三,互助性。林业经营者通过投保林业保险,转移、减小了个人风险。当意外风险发生,被保险人可以通过获得保险费用来弥补受到的损失。也可以由保险人组织保险基金,被保险人也可从保险基金中获得补偿。这样就实现了一个人或者一家的损失由多人共同分担,从而达到互帮互助,分担损失的结果。

(二)林业保险的特殊法律特征

由于自然风险本质上具有复杂与多样性特点,并且隐蔽性也很强,所以林业生产过程中遇到各种风险里面自然灾害的危害最大,这决定了林业保险的特殊性。

第一,林业保险是一种不容易确定的风险。由于在多数情况下,风险事故会连环发生,一个风险事故可能会导致其他多个风险的发生,多个保险事故共同造成林业风险的损失,并且每个事故各自的风险损失难以区分开,从而扩大了损失的后果。发生在森林中的意外,如旱灾,水灾,火灾,虫鼠害等,风险程度之间的差异较大,所以灾害的发生难以事先确定。林业保险承保的标的价值不稳定,难以正确处理好标的价值和保险金额、保险赔偿的关系。作为保险标的的林木,在保险期间一般都处于生长期,价值不断增长,再加上市场价格变化、受灾时间的不确定性和投入成本的不同,给保险金额的确定造成很大困难。

第二,林业保险承保的风险具有复杂性。森林生产面临各种灾害,而且大部分是巨灾,一旦发生,就会造成严重的损失。另外,这些灾害发生的频率很高。因此,林业保险在形成的初期,承保的都是某种单一风险,如林木、花草等作物的灾害保险。正因为承保危险的复杂性,所以仅仅承保单一风险的林业保险是不能满足需要的,所以农作物混合险或综合险应运而生。

第三,林业风险的系统性导致损失无法估量。灾情发生后,损失往往是难以评估的,即使可以预期,也很难达到确切的数目。例如森林是国民经济基础的基础,基础产业的地位决定了森林对其他产业的关联性影响极大。若风险造成森林大面积减产或歉收,森林经济的发展即会停滞甚至倒退,进而直接影响那些依靠林产品为原材料的工业等相关产业，以及农民生活水平与生活质量等。反之，则会带来林产品丰收，整个国民经济会步入健康、持续的发展轨道。

第四，林业保险理赔是一个复杂的保险理赔过程。一旦出现风险，损失是难以确定的，因为本身林业状况较为复杂。调查显示，必要的人力和物力远远超过其他类型的保险所承保的风险，这导致保险公司成本负担也会相应增加。林业保险赔付高、保费高、盈利性极差，离开政府补贴就不能保证赔付。同时，林业保险业务分散，不易管理，经营成本明显高于其他保险业务，所以合作保险组织在经营林业保险的各种组织形式中占有非常重要的地位。合作保险的本质就是不以谋取利润为目的，大家互相帮助，一起为自己提供经济安全保障。

第五，可续保期长。在农业保险（特别是种植业保险）中，保险期按生长季节只有几个月，一个有生命的标的就此结束，续保时是另一个有生命的标的，而林业保险标的则是多年生植物，生长期长，就是一般速生用材林都在十年以上，特别是风景林或珍贵树种有百年以上，对一个有生命的标的而言，其可续保期是相当长的。

第六，责任单一，费率低。我国的原始森林经若干年的迹地更新，逐步成为人工营造林，虽说可能遇到的自然灾害比较多，但是目前仅限于火灾责任。因此，地表上的草本植物和腐蚀层减少，火灾发生的几率减少，损失率低，保险费率比其他农作物低，一般在 0.5% ~ 1%。

（三）林业保险的政策性法律特征

林业保险不同于普通商业保险，在于保险标的物的不同决定了它的政策性法律特征，国外林业保险立法取得的成就也说明了这一点。

第一，政府作用更大。原因之一是林业保险法律制度的建立具有政策目标性，因而在林业保险法律制度的运行中政府起的作用比较大。而在商业保险制度中，是根据商业目标建立的，政府起的作用较小，更多是通过市场机制自觉运行的。

第二，林业保险更具有强制性，这通常是一种事实上的强制。无论是发达国家还是发展中国家，在自愿投保条件下，很多农民不具备保险知识和风险意识，林业保险的投保数量不高，现在是一般情况下只有通过相关法律法规强制，将参与林业保险与强农惠农政策联系起来，让农民了解到发生灾害后不仅能享受到政府的补贴和救济，还可以从政府的生产调整中得到相应比例优惠，享受政府价格补贴，这使林业保险的政策性体现了一定的强制性，而商业保险投保通常是自愿的。

第三，保险责任和承保风险更大。同商业保险承保的项目或出售的产品相比，林业保险承保的项目或出售的产品，保险责任更广泛，保险标的的损失概率也更大，所以成本损失率更高。而商业保险的保险标的包括承保项目或产品，其保险标的的损失和保险责任范围都更小。这是由于森林价值构成过于复杂，真正具备保险业务特征的标的很狭窄。此外，由于森林灾害的损害多具有难以测度性、损害面广、损害金额巨大等特点，这也导致林业保险损失率较高。可以看出，林业保险责任更广泛，承保的风险具有更高风险性，就更需要国家给予林业保险政策优惠，更需要政府给予林业保险政策扶持。

三、林业保险的性质

林业保险的性质具有特殊性，兼有商业性和政策性，而政策性使林业保险区别一般商业保险。政策性林业保险是基于一些林业政策上的目的，政府利用商业保险开展与运作的原则来支持林业发展的一种保险。由于森林灾害所导致的损害多具有难以测度性、损害面广、损害金额巨大等特点。所以林业保险承保的风险具有高风险性。这区别于其他普通保险的特性导致林业保险损失率较高，使林业保险业务具有了比其他业务更高的风险，所以政府必须给予政策支持。高风险性也是很多公司、企业不希望对林业保险业务管理的主要原因。所以有必要强制实施政策性林业保险，由政府给予充分的政策保险经费的资助和补贴。

四、林业保险的原则

根据林业的性质和近几年我国林业保险的实践，要建立具有中国特色的林业保险制度，就必须有一个明确的开展林业保险的目标，有一个适应林业保险发展的政策环境。因此我国林业保险必须持以下原则：

（一）经济补偿原则

保险的经济补偿原则是指由于自然灾害或意外事故造成的经济损失，保险人按照保险合同赔付给投保单位或个人保险金的一种保险经营原则，这是林业保险的基本职能。从林业保险经营的目的、方式，到保费、保额都应强调经济补偿原则。这是因为林业产业风险大、灾害事故频繁、损失率高，而林业生产者的经济负担能力比较弱。同时，林业保险的补偿原则体现了"收支平衡，略有节余，以备大灾之年"的经营思想。保费的结余，是"用之于林"，使林业保险形成良性循环，更好地发挥经济补偿作用。因此，经营林业保险不是以盈利为目的，而是为了逐步建立政策性林业保险基金制度。

（二）预防为主的原则

保险的经济补偿是一种价值补偿。当遭受火灾或病虫鼠害时，被保险人虽可提出索赔，但不能补偿全社会森林数量的减少，也无法弥补其所引起的生态失衡。所以在林业保险经营中要加强风险管理，掌握灾害发生规律，预防为主，把灾害降低到最小限度，减少社会财富的损失。一旦发生风险损失，就必须及时赔付，以便迅速恢复生产。

（三）基本保障原则

根据我国林业经济目前的情况，开展林业保险必须考虑保险公司与林业经营者的经济承受能力。费率制定要科学合理，过高林业经营者交不起，低了保险公司要亏损。

保险金额的确定，只能保障林业经营者投入生产中的基本费用，其中一定比例的可保利益，仍然由林业经营者承担。例如，林业保险承保额应以成本价为宜，并规定适当比例的免赔额度。这样既可促使林业经营者提高保险标的管理责任心，防止道德危险，又可保障林业经营者受损时能迅速得到补偿，恢复生产，保障林业生产的发展。

（四）资金良性循环的运用原则

林业风险频繁，林业保险赔付率高，更需要加强经营管理，讲究运用林业保险基金的效益。在国家政策许可范围内，通过贷款或投资，使保险基金保值增值，为林业保险积累更多的保险基金，从而保证林业保险的良性循环。

五、林业保险的发展

国家林业局副局长张建龙于 2008 年 3 月 5 日指出，我国将全面启动集体林权制度主体改革，并做好集体林权改革的综合配套改革，包括实现经营主体对林木的所有权或使用权等，并探索建立中国的政策性林业保险制度等。我国集体林权制度改革，所要达到的目标是：到 2010 年，基本完成以农民家庭承包经营为主体，做到明晰林地使用权和林木所有权，落实处置权和放开经营权，做到确保盈利能力。2009 年 1 月，湖南省委林业工作会议在长沙召开，全面部署中央森林工作会议精神的贯彻落实，谋划加快湖南森林改革发展大计。逐步建立森林抚育和造林、管理投资的补贴制度，从2010 年起，实施公益林森林生态效益补偿基金制度，在全省全面铺开林业保险各项补贴，健全林权抵押贷款制度，积极开展小额农民贷款。

2009 年中央文件提出，我国要加快集体林权制度改革，为开展政策性林业保险试点做好准备工作。2009 年，中央林业工作会议再次指出，务必要建立和完善森林金融支持体，有必要建立林业保险制度的政策。2009 年 4 月，财政部下发通知明确规定了在江西、湖南、福建三省率先开展林业保险保费由中央财政补贴试点的工作。2009 年7 月 31 日至 8 月 1 日，人保财险召开林业保险座谈会，对政策性林业保险工作做了全面部署和安排。据了解，此次会议要求当年参加中央财政林业保险的务必做好保费补贴试点工作，务必做好政策性林业保险承保理赔服务工作。2009 年 9 月，中国保监会今天发布《关于进一步做好林业保险发展工作的通知》将积极推进林业保险试点工作。

2009 年 10 月，国家林业局和中国保监会共同发布通知，要求积极推动建立和完善林业部门以及保险机构、金融机构之间的纵向和横向协调沟通机制，进一步加强工作的上下沟通和横向交流。各地充分发挥政府引导和政策支持的作用，积极协调、组织和指导农民投保，积极推动财政林业保险保费补贴政策落实到位，以便试点地区把中央财政林业保险保费补贴政策用好、用足，最大限度发挥金融保险的调节和推动作用，积极推进林业保险的可持续发展。2009 年 11 月，国家林业局和中国保监会再次共同出台通知，提出了具体的政策设想和实施措施来顺利开展林业保险的工作。2009年 11 月，为进一步巩固江西林改成果，充分运用中央财政的补贴政策，江西省全面做好政策性林业保险工作。2009 年 11 月，甘肃保监局向甘肃省人民政府建议开展政策性林业保险试点工作。

我国林业保险保费补贴试点工作，从 2009 年开始总投保面积约 2.1 亿亩，到 2011 年总投保面积达到 7.3 亿亩。2009 年我国林业保险缴纳保费总额约 2.3 亿元，到 2011 年缴纳保费总额已经达到 6.2 亿元。2009 年我国林业保险总保险金额 1000 多亿元，到 2011 年总保险金额已经达到 3000 多亿元。

但是，以上关于林业保险现有的规定层次级别不高，多以通知和方案为主，缺乏对实践中试验工作具体操作的法律规定，立法的缺失使得林业保险发展缺乏规范和保障。促进林业保险立法势在必行，构建一个健全且行之有效的林业保险法律才能健康稳定地发展我国林业保险事业。

第二节　林业保险的法律关系

要了解林业保险，除了要明确林业保险的基本概念，还要了解林业保险各主体之间的关系与衔接。法律本身就是各方利益平衡的产物，通过深入分析林业保险法律关系，明确林业保险法律关系的主客体和内容，确定林业保险的法律责任，平衡林业保险各主体的利益。

一、林业保险法律关系的主体

林业保险合同所明确的是民事法律关系，任何一种实际存在的民事法律关系，都必须由主体、客体和内容三个基本要素所组成，缺少其中三者任何一种，都不能构成民事法律关系。一旦森林经营者参加投保后，必须同保险机构（保险人）签订合同，明确双方的责任、义务、保险期限等问题，并受法律保护。保险合同的主体包括保险人和被保险人，还有投保人和受益人，即保险合同的当事人。此外，还包括那些与保险合同有关系的人，如保险代理人、保险经纪人和保险公估人等。一般商业保险法律关系仅有双方即投保人和保险人，权利义务相互对应。在林业保险中，因为林业保险的准公共产品属性，所以在林业保险中的主体也从形式上的双方主体扩展到实际上的三方主体，即投保人、保险人和政府。如前所述，在一般商业保险中，政府既要管理也要监督保险的运行，而在林业保险中，政府还扮演了协调者的角色，推动林业保险健康有序发展。

（一）林业保险法律关系的当事人

首先，保险人是与投保人签署保险合同，赔偿或支付保险金，承担保险责任的保险公司，是保险合同的当事人之一。林业保险的保险人是政府支持下的商业保险公司、专门的林业保险公司。在林业保险中，保险人应该根据国家相关政策法规对关乎国计民生和国家林产品实施强制保险，对其他林产品也要通过政策引导吸引投保人参保。

其次，投保人是保险合同的另一方当事人，承担保险费义务。当投保人同时也是被保险人时，投保人享有受领赔款或保险金的权利，在人身保险中，如果投保人和被保险人不是同一人，则投保人只承担交纳保险费的义务，不享有任何权利。

（二）林业保险法律关系的相关人

被保险人即受保险合同保障的人，是指保险事故有可能在其身上发生的人。被保险人并不要求具有行为能力，只要保险条款允许的，一切自然人和法人都可以作为被保险人。但如果投保人不是被保险人本人，那么必须经被保险人同意，才可作为投保人。人身保险合同的被保险人是自然人，不可能是法人，而财产保险合同的被保险人则可以是法人。保险合同中的受益人，有广义受益人与狭义受益人。广义的受益人在保险事故发生后，可以获得由于损失引起的赔偿金额。而狭义的受益人是指特别是在人身保险中，当保险人死亡后才有权获得赔偿的人。财产保险在多数情况下，领取经济赔偿的人是被保险人自己，一般情况事先不指定受益人。如果被保险人在发生保险事故时也意外死亡，则其法定继承人处在受益人的地位，有权领取保险赔款。破坏森林资源导致灾害的发生不仅会对农民造成损失，也会影响我国林业经济的发展。因此，保护好林业的生态，降低风险的发生不仅仅是农民的义务，也是我们社会的职责。

二、林业保险法律关系的客体

林业保险法律关系的客体，仍然要符合保险法原理，是指保险合同规定的，林业保险所要保障的社会关系，保险合同当事人权利义务所指向的对象。由于林业保险合同保障的对象不是林业保险的标的，而是被保险人或投保人享有法律上承认的利益，即保险利益。

（一）林业保险的保险范围

并不是任何财产都可以被保险，只有林业保险财产的损失是出于林业保险责任列明的灾害、事故造成的，保险人才负赔偿责任。作为投保财产，被保险人必须对其具有经济利益关系，否则不能投保。林业保险的标的是具有经济价值的天然原始林和各类人工营造林，只限于林木，而林地上的伐倒木和其他林副产品等则不属于保险范畴。在林木再生产中，常常遭受到诸如火灾、病虫害、水灾、旱灾、雪压、冻害等灾害和人为偷窃等违法行为。

属于林业保险标的的财产包括：第一，全部或部分是被保险人的财产。第二，由被保险人或他人保管或管理的财产。第三，其他依法与被保险人有财务利益关系的被认可的财产。由于林业经营有不同的目标，林业保险的对象按性质可分为两种：一是经济性标的，其标的是被保险人享有的经济价值，比如林地的经营权，还有林木的所有权或收益权。二是机能性标的，以林木的生长情况作为被保险对象。

在保险业务中把天然林也作为标的，这是因为天然林和人工林的区别仅在于起源不同，天然林同样有保险价值：一是现有的天然林不是原来意义上的天然原始森林，而是投入了很多人工劳动或注入了大量的资金，例如建立护林防火机构，建立林道、通讯路线、瞭望设施，购置交通工具和护林防火工具用具等；二是在保护和管理上和人工林相同；三是采伐林木后的更新都是以人工更新为主；四是人工林价值已作为天然林的定价基础，所以天然林已具有可保价值。

（二）林业保险的险种分类

林业保险事故发生时，为防止灾害造成的损失进一步扩大，造成其他财产损失，当采取的措施是合理且必要的，并且是林业保险合同约定范围内导致的损失，则保险人应当向第三方索赔。被保险人向保险人要求赔偿的，保险人可以先予赔偿，先予赔偿后保险人可以向第三方追偿。当被保险人获得第三方赔偿后应转交给保险人。关于险种，各国的共同点为：各国逐步扩大保险范围，一般原来只进行火灾保险，后来发展为承保综合灾害险包括风暴、干旱、虫鼠害等以及附加险。由以前单一的灾害险种发展到现在的综合险种。由于林业保险工作正处于试点阶段，所以，林业保险的险种比较单一，主要以森林火灾保险为主。在开办林业保险业务时，按承办保险的各种自然灾害和意外事故风险的种类，可分为单一险种和综合险种。单一险种是指被保险人与保险人一起协商承办的某一种森林灾害。承办单一险种时，投保人只交付本险种的保险费用，保险人也只承担这一险种的风险责任和经济补偿。从目前的情况看，开展林业保险时，一般都从单一险种开始，如火灾、风灾等险种。综合险种是指被保险人与保险人共同协商承办若干种灾害风险。此时，费率不是某一个险种的费率，而是几个险种的综合的费率。开办林业保险业务时，承办综合险种应交纳的保险费较多，受灾时，森林经营者得到经济补偿也比较多。

三、林业保险法律关系的内容

（一）林业保险投保人的权利和义务

投保人的权利，主要是指发生森林灾害后请求保险索赔，投保人可以向专门的森林保险机构请求赔偿的权利，保证了资金来源的稳定，解除了生产者的后顾之忧，增强了抗御灾害的能力。投保人的义务主要有以下四点：

第一，支付保险费的义务。投保人支付保险费给保险人应当按照合同上注明的时间、地点和形式，在投保时一次交清林业保险费用。如果投保人未按照约定的时间交付保费，保险公司可以拒绝继续履行保险合同，按照合同的规定终止承保。

第二，如实告知的义务。保险合同在订立之时，投保人应诚实地向林业保险经办机构说清有关保险标的的重要情况，让保险机构获取真实信息。根据法律规定，保险人故意不遵守承诺，或故意隐瞒真实情况，保险人可以决定是否增加保险费，并有权解除保险合同。被保险人有意不履行义务导致保险合同终止，保险人在事故发生时不承担赔偿或者给付保险款，也不返还保险费。保险合同终止前发生事故，被保险人因疏忽没有阻止保险事故，产生了重大损失，保险人可以减少或拒绝赔偿。如果林业保险标的风险程度增加，那么被保险人应及时通知保险人，如果没有及时通知，那么保险人可以要求增加保费、解除合同。如果意外的发生是由于保险标的自身风险程度的增加，则保险人不再担责任。

第三，通知被保险人的义务。林业保险在有效期限内，林业保险的所有权或经营管理权发生变化时，被保险人应尽快向保险人申办批改手续。当有灾害或损失即将发生，保险人应当立即通知保险公司调查事实，收集证据，并及时处理。当保险范围内的森林遭受损失时，被保险人应及时向保险人提供保单，并提供公证或代理部门的损失证明（或者有保险人参加的共同调查材料），双方核实认可后予以补偿。其赔付额视灾情损失而定，全损全赔，部分损失的按损失比例赔付，残值仍属森林经营者所有。

第四，积极防灾防损义务。当森林灾害发生后，投保人要采取积极措施，以防止森林灾害损失进一步扩大，以尽量减少灾害带来的损失。当发生在合同约定范围内的森林灾害时，被保险人应当积极抢救，减少灾害损失，并立即通知保险人，提供相关的证据、文件和信息。被保险人必须严格遵守森林法和森林防火的有关规定，灾害事故发生后，投保要求保险人偿还损失，应当提供意外伤害保险相关的证据、文件和信息，以确定性质、原因和损失范围。

（二）林业保险保险人的权利和义务

保险人的主要权利是收取保险费，单方面终止合同等，主要体现在以下两点：

第一，保险人有权单方面终止合同。保险人有权要求投保人在合理期限内支付保费，有权要求投保人在订立保险合同时提供真实的情况，投保人不得隐瞒事实。保险人保险开始后，投保人应该遵守合同和相关林业部门的规定生产。如果被保险人逾期没有按规定生产或支付保费，保险人有权单方面终止林业保险合同。当被保险人有欺诈行为比如虚报损失等，保险人有权追讨赔偿或拒绝付款。如果发生争议，应本着实事求是的精神协商解决，也可以提交仲裁机关或法律部门处理。

第二，代位权的恢复。当森林灾害损失是由第三者造成的，从赔偿之日起开始，保险公司可以代替投保人向第三方请求赔偿，投保人必须协助保险人向第三方请求赔偿。保险公司在行使代位权的时候，不得影响投保人向其他有保险责任的人或机构要求赔偿损失。保险人的主要义务是按照双方的约定给付赔款。我国法律规定，设立保险企业必须得到中国人民银行的批准，由工商行政机关颁发营业执照。

保险人的义务主要体现在以下两点：

第一，及时和公平理赔的义务。林业保险事故发生后，保险人应当及时组织有关人员实地调查，评估损害，当符合保险合同理赔条款时，应该及时，公正地进行付款。林业保险投保人还应防止损失扩大，对参与林业保险合同的农民，保险公司应该进行必要的灾前预防，在灾难事件发生时，采取一些积极的措施，以防止损失进一步扩大。

第二，对林业保险条款准确描述的义务。对林业保险条款特别是容易产生歧义的条款，保险公司必须认真解释，以便于让投保人清楚了解保险合同该条款的内容。保险公司及时印发保险相关单证的义务。被保险人收到填妥的申请表格后，保险人应核对时间，以确定是否准确。保险公司还应当尊重投保人的隐私，对投保人所填写的资料负有保密义务，不能泄露投保人私人信息。

四、林业保险法律关系的特征

（一）林业保险合同的法律特征

一份合法有效的保险合同，应具备保险合同的一般法律特征，包括：第一，保险合同是双方当事人能引起法律后果的行为。第二，保险合同是平等主体间进行的合约行为。第三，保险合同的签订内容、程序等必须合法。第四，保险合同的当事人，必须依法具有行为能力和权利能力等。林业保险除具有保险合同的一般特征外，还具有特殊性：

第一，保险人是指定的保险机构。保险公司是商业保险合同的唯一合法主体。而林业保险合同是指投保人与保险人，就特定的财产和有关利益为保险标的，明确双方权利、义务关系的协议，主体不仅是保险公司还有政府。

第二，保险标的特殊。表现为：标的物是以价值形态即保险金的形式表现的。

第三，保险合同是有保障的合同。保险合同自成立时候起到合同终止的整个保险有效期内，保险人一直都在保障着承保标的所约定的风险责任，少数保险合同得到的保护是相对的，因为保险标的灾害或保险事故具有偶然性。

第四，保险事故的发生是由客观外界原因引起的，既不是保险人的过错，也不是投保人的责任。

第五，保险条款具有确定性，保险条款是由保险人按照有关法律、法规事先印制的，双方只能就此内容协商，不得变更或修改条款内容。保险合同除了与经济合同有共同性，自身还具有特有的性质。因此，林业保险是一种特殊的合同关系。

（二）林业保险法律关系的特殊性

许多保险公司不愿意开展林业保险业务的重要原因就是保险事故所涉及的保险金额很大。特别是企业不愿意开展林业保险业务，原因也是企业认为林业保险费用相对较高，经营林业保险的风险比一般的商业风险要高，并且林业风险并未纳入企业的成本核算中。同时，基于林业保险的公益性和社会性等特征，政府应该从税务和财政上进行政策引导，通过政府扶持来促进林业保险市场的健康发展。此外，林业保险风险的系统性决定了必须对部分林业保险强制保险，这样才能促进林业保险的可持续发展。

林业保险对于农民而言属于新生事物，新生事物在发展过程中不可能是完美的，肯定会有这样或那样的问题，要完全接受林业保险，农民是需要时间和过程的，我国农民欠缺保险意识，如果没有对农民进行宣传普及保险知识，就强行要求他们参保，就会引起他们的抵触情绪。在开展森林保险的工作中，政府要通过财政补贴，通过财政投入上适当的倾斜，通过优惠政策的鼓励支持农民参保。只有当农民投保后，享受到经济利益，才可能取得比较好的效果。

　　国家相关的林业政策影响着企业的林业风险，国家的经济政策一直是企业在投资、经营中重要的参考因素。林业保险的政策性理论，是开展林业保险立法活动的基本理论依据。

　　第一，林业保险与一般保险相比，林业保险风险的系统性和信息不对称问题更加突出，还存在双重正外部性、价格难题、弱可保性等经营困难，因此林业保险的发展不能完全依靠商业保险法律来规范。美国在发展林业保险之初，就首先立法，然后再依法成立联邦林业保险公司，依法对林业保险进行保费补贴和经营管理资金补贴，并对林业保险法经过多次修订逐渐完善。而我国自新中国成立后，林业保险经历了三次试验，林业保险的试办与停办，并未达到循序渐进的效果。

　　第二，我国林业保险立法必须将其突出和特殊的政策属性作为立法的基础。没有政府的政策支持，林业保险不可避免地会遇到一些问题，这是林业保险政策属性决定的。所以，在立法中，必须明确政府在开展林业保险中的地位，用法律规定加大政府的财政支持和各项资金补贴，给予农民一定的优惠和福利。这是林业保险政策性最根本的要求。

　　第三，林业保险的政策性决定了林业保险主体的多方性。一般的商业性保险主体是保险机构和林业生产者，而林业保险突破了两方主体的形式，还增加了国家。即林业保险计划承载着林业保险组织、林业生产者和国家等不同主体的利益。三者利益在根本上是一致的，但由于各自在林业保险活动中地位与作用不同，他们各自又有其相对独立的利益。制定和推行林业保险计划必须统筹兼顾三方利益，实现主体间利益的调整从而实现利益的最大化。

　　由于林业同第一和第三产业相比，长期处于弱势地位，收益相比较更少，林业经济陷入了十分困难的境地。林业经济发展所面临的这种不利局面，会造成以森林为主导产业的林业社会发展减慢，以及以森林为主要收入来源的农民生活水平不能提高。农民势单力薄的情况必须依靠国家和政府的力量来克服，单靠它们自身的力量远远不够。因此，林业保险经营主体应该多元化。我国目前林业保险市场条件尚不成熟，整体林业经济发展不平衡，风险差异性大，在风险分散机制管理和经济上也都不合理。在这样的现实情况下，如果目前在我国设立一家统一管理林业保险业务的全国性林业保险公司，这在客观上行不通。我国应做到林业保险管理系统的主体多元化，主要形式包括专业的林业保险公司和商业性的保险公司，还有两者性质兼具的保险公司。充分利用现有商业性保险公司的网络机构和森林管理经验建立外资或合资公司等。

第三节　林业保险责任

一、林业保险的保险责任

　　保险责任指保险事故发生后，保险财产或利益遭受损失，应由保险人依法承担赔偿责任。若只考虑一个因素(如火灾)称单一责任，若考虑几个因素则称综合责任。意外保险合同商定的保险责任决定了保险事故的保险责任。一般以列举方式规定哪些自然灾害或意外事故是可保的，哪些损失和费用是可以得到合理补偿的。可保的有：森林生长过程中遭受的意外灾害(火灾、病虫害等)、气象灾害(风灾、洪水、雹灾等)所造成的直接经济损失。其中，森林火灾保险只保火灾一项，因意外或雷电引起的火灾所造成林木的损失，保险人负责赔偿。

确定林业保险灾害的范围，遵循这样几条原则：一是人们经过最大的努力，依然无法抗拒、无法避免的自然灾害或意外事故；二是超出了生产经营者可以承担的经济损失；三是可以证实和计算灾害事故所造成的经济损失。林业保险属于财产保险，只是保险标的是林木。就保险责任而言，目前我国林业保险由于刚刚起步，主要以灾情较大的火灾险种为主，最主要也是最大的自然灾害就是森林火灾。

二、林业保险的除外责任

除外责任是指保险标的的损失不属于保险责任范围内的危险事故，由于不在约定范围中，所以保险人不予承担赔偿的责任。由于经营者个人原因造成的损失、被保险人的故意行为、战争或军事行动、偷盗或哄抢、国家征地以及不属于保险责任的损失属于林木保险的除外责任。

规定责任免除有利于调动农民加强防灾和在灾后进行生产自救的积极性。在林业保险中，由于各地的保险责任范围不同责任免除也有所不同，但基本内容应包括如下几个方面：

(1)由被保险人的道德风险引起的损失责任。比如被保险人的故意行为、欺骗行为所导致的损失责任。

(2)社会、政治及经济风险。如战争、军事行为，农产品价格下跌，农药污染等。由于这些因素对林业造成的损失无法估算，其灾难性的后果短期无法消除，且无规章可循，故一般列入责任免除。

(3)被保险人生产管理不善造成的损失。农作物需要被保险人按照正常技术要求进行管理，才能有正常的生产和产量，这也是农作物保险的一个前提条件。被保险人责任心不强，管理不善或者违反栽培技术规范必然造成损失，这种损失实际上也是道德风险的后果。如因疏于管理造成的盗窃、他人毁坏或畜、兽、禽啃食践踏所致损失；间作、套种非保险标的和毁种重播的损失；选种不当，没有合理密植，物化投入不足或不按时收割的损失；另外还包括随意改革耕作制度、盲目引进新品种、采用非普遍采用的新技术等原因导致的损失。

(4)通过正常渠道可获取经济补偿的损失。比如政府征用土地一般都是有偿的，故这种因政府占地导致的损失不列在保险责任范围。

(5)灾后没有及时抢救而是损失扩大的部分，也是为尽力防范或抢救所致的损失。

例如风灾后使树木倒伏，本应及时采取抢救措施，被保险人没有进行及时抢救，进而使倒伏的树木霉烂死亡。把此类内容列入除外责任，有利于促进农民抗灾夺丰收的积极性。

林木保险的责任免除，还包括发生保险事故后，对保险林木投入的一切费用（包括施救费用）都属于责任免除范围。

三、林业保险的损失计算

定值确定保险金额在当事人签订合同时就已确定，而不预先确定保险标的的保险价值则要等出现风险后才由双方估定。保险价值估计的传统作法是：保险标的能以市价估计的，按市价估定。不能以市价估计的，可以由当事人双方约定其价值。保险价值以市价估计为原则，当事人约定属例外，这是通常的做法。

保费的计收是根据保险金额以及保险金额计算出的保险费的比例共同决定的。林业保险费率包括保费占保险金额的比率和管理费用率两部分，作为保险金直接用于赔偿被保险人保险财产损失的，称为纯费率，它是根据保险标的的损失和经验计算出来的。根据保险的费用计算出来的，用以支付管理费用的，称为管理费用率。

四、林业保险金额

（一）林木的价值概念和序列林价

保险金额的确定在林业保险业务中有某些特殊性。从理论上讲，应根据林木的实际价值确定保险金额，但在实际操作中应考虑保险人承担风险的能力和被保险人的保险意识及承担保费的能力。

为了更好地确定保险金额，应先明确林木价值的三个概念：一是林木价值，林木在营造、管理过程中，除了消耗大量的活劳动，还消耗大量的物化劳动，它的价值构成是活劳动和物化劳动的总和。对天然林来说，一般以人工林的重植投入成本作为价值基础。二是林木价格，从理论上讲，林木价格是由不同地区的平均营林生产成本加上利润和税金组成。三是序列林木价格，即林木不同的生长期投入的成本不一样，价值也不同，因此不同的生长期就有相应的价格，此为序列林价格。

（二）保险金额的确定

1. 按蓄积量确定

林木蓄积量指林木的产量，按照立木体积来度量。

$$林木的蓄积量 = 单位面积上立木蓄积量 × 总面积$$
$$保险金额 = 木材价格 × 总蓄积量$$

2. 按成本价确定

林木的成本是造林和育林的过程中投入的物化劳动和活劳动的总和，不包括利润和税金。按计算方法的不同，成本的构成有两种：第一种把林木经营中每年发生的实际费用累计而成。第二种把每年发生的实际费用加资金占用利息部分。这种确定保险金额的标准，虽然保障程度较低，但目前保险金额大都按成本价保。

3. 按计划价确定

计划价是由物价部门制定的价格。此种价格的确定具有很强的政策性和强制性，与市场价格相差较大。因为是国家统一制定，在实际业务中使用简便，易于掌握。

4. 按再植成本确定

林木再植成本包括挖树根、清地、挖坑、移栽、树苗、施肥到树木成活所需要的一次性总费用，称为再植成本。因不同地区的再植成本不同，应分别确定，一般每亩在 30 ~ 80 元，湖南一般在 50 元左右。目前，在我国开展林木保险的都以再植成本作为保险金额。

第十一章 林权管理信息系统

第一节 林权管理信息系统概述

进入 21 世纪以来，信息技术被广泛应用到各行各业，林业信息化建设引起了各级林业部门的高度重视。国家林业局将林业信息化列入《林业发展"十一五"和中长期规划》，把推进林业信息化作为当前重点抓的 20 件大事之一来抓。林权信息化管理系统作为林改的基础工作，是农村林业发展的重要保障，也是我国林业信息化建设的重要内容。林权信息化管理系统的建设，对提高林权管理质量，规范山林地籍档案资料，建立现代林业管理制度等具有深远的意义。

一、林权管理信息系统的现状

随着集体林权制度改革的不断深化，林权交易等后续业务的逐步推行，林业管理部门的工作业务及范围也在不断扩大，新的管理需求也不断增加。鉴于我国各地林权制度改革工作推行进度的不一致性，如何针对不同地方特色，对当地改革后的林权信息进行有效管理来提高林权管理的效率和科学性，已成为当前亟待解决的问题。林权管理信息系统是林权制度改革中实现林权登记与林权交易高效管理的基础。为了满足林权制度改革进一步深入对信息管理的需求，迫切需要建立省、市、县多级联动的林权管理信息系统，实现对全国林权信息的全面统一管理。

当前，国内林权管理信息系统主要是单机版的林权证管理信息系统，应用较好的有国家林业局中南资源检测中心项目开发的"林权证管理信息系统"，江西省林业调查规划研究院自主开发的"江西省林权证登记核发管理信息系统"，主要实现林权属性数据录入、申请表数据的逻辑检查、林权登记申请受理、林权证的打印、林权属性数据的查询、林权变更登记和注销功能等功能。

二、林权管理信系统存在的问题

国内多数林权管理信息系统还没有将 Web GIS[①]应用于林权管理中，空间数据表达

---

① Web GIS 技术是 GIS 技术与 Internet 技术相结合的产物，是利用 Internet 技术来扩展和完善地理信息系统的一项新技术。

比较欠缺，即在联网系统实现的过程中，用户不能方便地利用空间数据进行浏览和查询到空间数据，且不能直观、可视的表达空间数据，对实现空间信息的表达方面有待改进。随着 Internet 技术的不断发展和人们对地理信息系统的需求，利用 Internet 在 web 上发布空间数据，结合林权管理信息系统，为用户提供各种林权信息查询、空间数据浏览、查询和分析的功能，已经成为林权管理系统发展的必然趋势。

　　当前我国林权管理信息化存在问题可以概括为四方面：一是信息化组织机构不健全。大部分地方林业主管部门缺乏专门的信息化机构，存在职能定位不清、专职人才队伍薄弱和建设机制尚不健全等问题。二是缺乏总体规划布局。大部分林权管理业务应用系统自行建设，自成体系，形成信息孤岛，无法实现信息资源共享，资源浪费严重，区域发展不平衡，资金投入严重不足，建设投资和运维资金得不到保证。三是信息化基础设施建设落后。普遍存在网络建设滞后、设备陈旧、信息安全设备设施缺乏和信息交换手段落后等问题。特别是目前还没有建立起相互物理隔离的内网和外网，安全隐患严重。四是标准化体系建设滞后。现有的林权管理信息化标准缺乏全面性、系统性和一致性。

　　从总体上看，林权管理信息化建设仍处于初级发展阶段，与现代林业建设仍然存在着较大差距，远不能满足林业科学发展的需要。林权管理信息系统建设面临困境主要源于四方面原因：一是政府对信息化认识不到位，领导重视不够；二是各自为政，低水平重复建设；三是投入不足，基础设施落后；四是标准制度与网络安全问题突出。

第二节　林权管理信息系统的建设

一、林权管理信息系统建设的必要性

　　集体林权制度明晰产权、承包到户的改革产生了堆积如山的林权档案资料，随着深化改革的深入开展，林权流转、变更、登记、抵押及查询等活动使用林权档案的频率越来越高，建立林权地理信息管理系统，实施林权信息的动态管理及网络化管理显得越来越重要。

（一）改进档案管理手段的正确途径

　　通过落实均山到户、确权发证等林改政策措施，全国各省市将产生海量的宗地区划记录，从严格意义上讲，也将登记核发相应数量的林权证。对这些资料及信息的管理是一个浩大的档案管理工作，若不采用先进的信息化管理手段，管理的难度是艰巨的。因为林权管理档案大多都是人工记录的纸质材料，用户想要了解这些数据情况，必须专门到县林业局请有关人员进行查询，有时候相关工作人员不在，导致难以查询。即使能够查询到材料，由于纸质材料的数据难以及时更新，相关情况的实时准确性也难以得到保证。对浩如烟海的林权档案进行管理查询是一件十分繁重的工作，而建立数字化的林权档案，使用现代化的信息管理手段是解决此问题的正确途径。

（二）提升林业部门服务水平的内在要求

在转变政府职能工作中，服务职能势必得到加强。林业部门通过建立林权管理系统平台将会拓展服务对象和服务业务范围，也将提高服务的质量和水平。主要体现在能及时统计当期的各类林权信息数据，为政府制定工作计划、政策等决策服务，解决手工统计时间长、准确性差的问题；能为财政、金融、保险部门及其他社会投资人投资林业提供辅助决策咨询，解决当事人自己提供信息信任度差的问题；能为林权权利人办理林权流转、采伐审批及公益林生态效益补偿等提供方便快捷的服务，确保林权所有者的权益得到保障落实；能通过查询宗地相关信息，向农民提供造林、育林及病虫害防治等技术措施，解决农民缺技术的问题。林改后，更多的林业行政工作将围绕林权制度改革的成果来开展。

（三）方便公众查询及林权网上交易的现实要求

未来的林业管理体系将是面向公众及其他职能部门的多方位、多窗口的管理服务体系，需要建立一个信息平台与这些部门实现信息化的沟通。同时，林业的管理服务职能也需要向公众及企业提供窗口，建立信息发布、查询、审核、审批等服务渠道，以满足政府、其他部门、公众及企业等各个层次对林业的要求。如金融部门核发贷款、保险部门受理林业保险、社会投资人投资林业等活动都需要了解掌握相应的林权、森林资源状况及评估价值等，相关部门通过林权查询系统可达到目的。在国内，浙江省实现了农民使用 IC 卡查询林权信息及评估价值，江西省南方产权交易所实现了林权网上异地交易。

（四）发挥林权管理的制度效益的有效手段

提高办事效率、减少各个环节的运行成本需要改革传统的管理模式，利用现代化的管理手段进行管理和服务，尽量减少大量的人力、物力及财力的消耗。总之，随着林地使用、林业管理及林权流转模式等方面的不断改革发展，原来的林业管理模式需要消耗大量的人力物力，已经越来越难以适应新形势的需要。

二、林权管理信息系统建设的条件

林权管理信息系统的建设既有有利因素，也有不利因素。

（一）林权管理信息系统建设的有利条件

（1）全国各级党委政府高度重视。集体林权制度改革，明晰产权、承包到户的改革取得了较大成功，这为林权制度的深化改革打下了牢固的思想基础和组织基础。林权管理信息系统建设作为深化改革的重要组成部分，必将得到各级政府的一贯支持。

（2）林业建设与发展遇到了前所未有的机遇，发展潜力巨大。随着集体林权制度改革的顺利进展，相应的财政、金融及保险扶持林业的力度加大，社会资金持有人更加关注林业，林权流转交易市场十分活跃，对林权管理信息系统平台的需求较为强烈，也将为林业主管部门更好地履行服务职能提供先进的服务手段。

（3）以"3S"技术和网络技术为标志的信息化技术日趋成熟，林业信息化将成为推动林业又快又好发展的必然趋势。建立在"3S"技术和网络技术基础上的林权管理信息系统平台的研发与应用取得了初步成功，全国多省份（如云南、江西等）推广应用了林权管理信息系统。时至今日，各设计开发单位按使用单位的意见继续改进和完善了系统软件，技术上更加成熟，研发团队和系统操作人员业务素质进一步提高，为下一步工作积累了宝贵的经验。

（4）明晰产权、承包到户的改革阶段各级林业主管部门都配备了一定数量的信息化办公设备，在硬件上可初步满足系统平台建设的前期需要，即林权数据库的建设需要。国内部分省市已建设了信息发布及查询系统，并与林权数据库实现了关联互动。

（二）林权管理信息系统建设的不利条件

（1）集体林权在明晰产权、承包到户的改革阶段虽然统一了工作方法、技术标准和信息内容，但实际上在宗地区划成图、林权信息录入及档案管理技术手段上并不统一，导致省市明晰产权、承包到户的改革结束后并未形成规范完整且数字化的林权档案，给今后的林权信息网络传送与查询造成困难。而且原档案中出现一些图、表、册不匹配一致，录入的林权属性数据丢失、宗地区划图遗失等问题，按新标准重做数字化建库的工作量巨大，林权管理信息系统建设周期将会延长。

（2）按数字林业建设标准及要求来规范建设林权管理信息系统，就意味着对原来的明晰产权、承包到户的改革成果要再梳理和再投入建立符合要求的数据库（主要包括林权属性数据库和地理空间数据库），这样做有"炒回锅肉"的感觉，甚至可能产生厌倦、反感情绪，影响工作的正常推动。同时，也存在相关专业技术人员专业素质不适应的问题。

（3）建立数据库所需要的一些基础地理信息、卫星遥感资料、森林资源调查成果等分属不同部门所掌握，使用单位索取时有困难。

三、林权管理信息系统建设的目标及任务

（一）林权管理信息系统建设的目标

林权管理信息系统平台建设的宗旨必须是以客户为关注的焦点，围绕市场和用户的需求进行配套建设，服务于用户。因此，决定系统平台建设及经营的具体目标是：

（1）对林改宗地进行档案的信息化、网络化管理，实时提供对林权证及宗地信息的网络查询。

（2）为林业主管部门对林地、林权管理、资源林政管理、林地流转及生态效益补偿等提供可靠的管理决策信息。

（3）为银行、保险部门及社会投资者提供可靠的林权及资源资产状况信息。

（4）按时限要求提供资源状况、经营状况统计分析报告及图表等。

(5)实现林地林权流转网上交易及审批。

(二)林权管理信息系统建设的任务

将林权管理信息系统平台建设纳入林改深化改革并作为"龙头工程"来抓，继续加大投入，加强管理和考核，力争用 1～2 年时间初步建成，投入使用后再逐步完善升级。

围绕系统平台建设目标，开发一套适合我国林权特点和管理实践的林权管理信息系统，用统一的工作方法、技术标准及信息内容，也就是用统一的林权管理信息系统来规范全国各省市的明晰产权、承包到户的改革成果，以县为单位建立建成林权数据库，并逐步完善、规范运作，以推动我国数字林业的发展。

四、林权管理信息系统建设的技术政策要点

(1)林权管理信息系统平台包括系统平台管理软件及系统平台硬件两个部分。从行政管理的需要可考虑省、市、县三级系统平台建设，以县级系统平台为基础。从工作流程及保密管理的要求考虑，每一级应用系统的网络必须设内部网络和外部网。从主要功能上要考虑林权及其流转管理和信息发布两大功能。

(2)成立长期稳定的系统平台管理软件研发机构或团队，专门负责林权管理系统平台建设的理论研究和实践，跟踪全国发展动态，提出适合本地的解决方案，承担系统平台建设与维护，并培训指导州、县两级的系统平台建设。

(3)整合现有建库资源，建立信息共享机制。将林权管理信息系统平台纳入我国数字林业建设的组成部分，统一规划、分类实施、相互兼容、整体推进。

(4)加强业务技术培训。鉴于该项任务的艰巨性和复杂性，以及新技术推广应用所面临的困难，要采取分类分级培训的方式：①结合该系统平台建设工作部署及今后业务工作的开展，对业务管理干部进行省级动员培训；②结合系统平台软件应用及县级建库工作，对州、县级专业技术人员进行州、县级培训。

(5)建立省、市、县三级林权管理及交易服务中心，实现林权管理及交易服务工作的网络化及常态化管理。

(6)结合深化改革的需要，研究通过网络建立林业部门与银行、资产评估、规划设计等单位的接口，实现信息共享。

(7)研发林权 IC 卡应用系统，农民可通过"一卡通"系统查询自家的林权信息。近期内要实现电话语音查询功能。

第三节　林权管理信息系统的设计与应用

一、林权管理信息系统的需求分析

需求分析是林权信息系统设计开发的前提和基础，也是衡量系统成功与否的重要标准。通过与系统潜在用户进行口头和书面沟通交流，听取林业专家的意见和建议，查阅林业和信息技术相关文献和资料，并且借鉴相近信息系统的设计思路和开发方案，提取出用户需要从系统中获得的信息和所要求的系统功能，进行归纳整理，得出满足系统要求的概况描述。

林权的确认主要通过核发《林权证》来体现。《林权证》是依法经人民政府登记核发，由权利人持有的确认森林、林木和林地所有权或使用权的法律凭证，是森林、林木和林地唯一合法的权属证书。林权管理信息系统的需求主要是围绕着林权登记发证这个过程：

（一）林权登记发证业务流程

林权管理要求区分不同的情况，对林权的申请进行分类登记造册，然后根据相关法规规定对于符合规定的申请给予审批，并核发林权证以保护申请者的合法权益。根据系统设计文档，林权登记发证业务流程（图11-1）。

林权管理中的林权登记包括：初始、变更和注销登记。通常主要在三种情况下需要进行林权登记：

1. 初始登记

是指初次拥有森林、林木和林地所有权或者使用权的公民、法人和其他组织（林权权利人）按照规定程序到登记机关办理的权利登记。

2. 林权证的变更登记

是指林权权利人所拥有的森林、林木和林地的所有权或使用权初始登记过后，因某种原因导致其面积、林种或林木状况等主要因子依法发生部分变化后，林权权利人持原林权证向登记机关提出的登记。例如林地承包经营权人将林地承包经营权以互换或转让的方式流转，当事人应当申请林地经营权变更登记。

3. 林权证的注销登记

是指原登记过后的森林、林木、林地被依法征用、占用为他用，因无法抗拒的自然灾害或在流转过程中已经全部转让给他人或者由于其他原因造成林地灭失的，致使林权权利人完全失去原林权证证明的森林、林木、林地所有权或使用权时，原林权权利人应当到初始登记机关申请注销登记。林权管理中的审批管理主要为对于经过错误检查的并且符合法规、政策规定的申请可以批准申请并核发林权证，将管理决策功能体现在系统的操作之中。对于已核发的林权证，如果数据发生了变化可以进行注销处

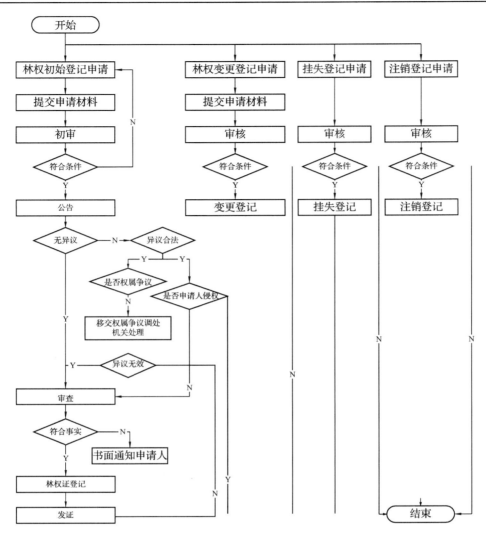

图 11-1　林权登记发证业务流程

理，注销后可以重新审批也可以直接修改。

　　集体所有的森林、林木和林地，由所有者向所在地的县级人民政府林业主管部门提出登记申请，由该县级人民政府登记造册，核发证书，确认所有权。单位和个人所有的林木，由所有者向所在地的县级人民政府林业主管部门提出登记申请，由该县级人民政府登记造册，核发证书，确认林木所有权。使用集体所有的森林、林木和林地的单位和个人，应当向所在地的县级人民政府林业主管部门提出登记申请，由该县级人民政府登记造册，核发证书，确认森林、林木和林地使用权。

　　对于已经提交的林权登记申请材料，林权登记机关将依据《森林法》及其实施条例和《林木和林地权属登记管理办法》进行审查和受理。对已经受理的登记申请，林权登记机关应当在自受理之日起 10 个工作日以内，在森林、林木和林地所在地进行公告，公告期为 30 天。公告期内如有异议应调查核实，异议确实合法有效的，登记机关对登记申请应当不予登记。

(二)林权信息的统计需求

林业主管部门需要定期或不定期对林权数据进行统计汇总,用于数据上报或指导相关措施的制定。对于林权信息的统计要求有:需要按登记权利(四权,即林地所有权、林地使用权、林木所有权、林木使用权)、权属、经营类型进行统计和汇总,也可以按权利人进行汇总。不仅要对申请表数据统计汇总,也要对林权证数据进行统计汇总。还要求分别统计和汇总市级、区县级、乡镇级的发证数量、宗地数和宗地面积等。这些数据统计需求还可以进一步细化,并且相互结合,生成更为复杂的、综合的统计汇总要求。

(三)林权管理信息系统的功能要求

林权信息化管理不仅是集体林权制度改革的信息化基础建设,更是林权管理的基础支撑平台,主要应实现基础业务管理、统计分析和报表等业务功能。

1. 基础业务

(1)采集并且结构化林权登记申请表数据,收集并保存林权登记申请材料,使林权登记审批有据可查。

(2)完成林权登记申请的审批,对于申请登记的森林、林木和林地位置、四至、林种、面积或株数等数据准确,林权合法无权属争议,且材料与实际相符的申请予以受理;对于不符合条件的申请允许退回重新填写。并且对系统用户进行相应管理,使得每一条数据都能有相应的经办人为之负责,达到管理的标准化、法律化。

(3)实现林权证附图的制作,代替传统手工描绘的示意图,标准化、规范化林权证证本的设计和制作。

(4)打印林权证证本,以记录和管理林权证的核发和领取。

(5)对申请表数据和发证后的林权信息进行及时有效的管理。

2. 统计与报表

在需要时能够方便地对数据进行查询、统计和汇总,以得出合理的分析结果用于指导管理工作:

(1)能够方便快捷地查询申请表、林权证的有关情况,根据不同类型的数据得到相应结果,并输出 Excel 格式电子表格。

(2)能够方便快捷地对乡镇、区县、市、省乃至全国范围内申请表和林权证相关数据进行统计,得出相应结果,并输出 Excel 格式电子表格,用于指导管理工作。

(3)能够方便快捷地对申请表和林权证相关数据进行汇总,得出相应结果,并输出 Excel 格式电子表格,用于指导管理工作。

(四)林权管理信息系统的性能要求

1. 安全性

保障系统的数据安全和用户安全。在数据安全方面,应保证数据的完整性和有效性,对数据进行基本的格式校验,还应该具有数据备份和安全恢复功能,方便的数据维护功能，以及可靠的数据保密和安全传输功能，保证数据的安全传输。在用户安全方面，要求用户信息和业务数据的保密和安全，具有严密的用户保密、业务数据保密和系统访问权限控制机制。

2. 稳定性

系统应具备较高的稳定性，保证长时间的稳定运行。稳定性包括两个方面，一是要求支持多用户同时访问，支持网络的大量用户点击；二是系统在发生一般故障时的自动恢复能力。基于网络运行的系统与传统单机模式运行的系统相比，具有更多的用户数量，因此更应该考虑系统运行的稳定性，避免在大量并发用户的情况下出现系统崩溃现象。

3. 高效性

系统应具有较快的响应速度，保证用户正常操作。系统响应速度取决于两个因素，一个是系统硬件和软件支持，另一个是系统应用程序的实现方法。在软硬件方面，系统应运行在专用的服务器上，采用稳定性高、容易使用的操作系统和支持海量数据存储的数据库系统，同时要有较好的网络硬件支持，保证数据的高速传输。在应用程序实现方面，应结合高效的开发架构和轻量级的应用编程接口，设计和开发快速的处理逻辑，尽量缩短系统的响应时间。

二、林权管理信息系统的总体设计

（一）设计目标

基于 Web GIS 技术进行系统开发，在系统研究中采用开放式的设计思想，紧紧围绕林权管理的使用要求，以实用、通用为目标。既考虑到与其他林政管理系统的接口又要留有扩展的余地，最终形成整体的构思和整体的框架，将相关的法律、法规以及办理流程落实到系统的设计中去。并在系统建设完成后，与其他业务系统结合形成一个林政管理平台，使得林权管理者和相关部门能够更方便快捷的使用平台进行林政管理、内部分析和专题分析，达到管理工作的规范化、法律化和标准化的要求。

（二）林权管理信息系统的总体框架设计

如图 11-2 所示，是林权管理信息系统的总体框架图。林权管理信息系统主要包括基础业务和统计分析与报表两个大的组成部分。基础业务部分完成林权登记申请业务的数据采集、证本审批、证本管理等管理功能，统计分析与报表部分完成林权信息的数据查询、统计汇总与报表生成功能。系统基于底层的林权数据库实现林权登记申请业务和统计报表等功能，同时，系统可以和其他林业主管部门现有的网上办公自动化系统、综合数据库系统、综合信息平台、统一认证系统、网格化信息系统等进行交互和集成，实现数据的共享。另外系统总体框架还包括网络、硬件等基础设施建设、技术标准与管理机制和信息安全措施等内容。

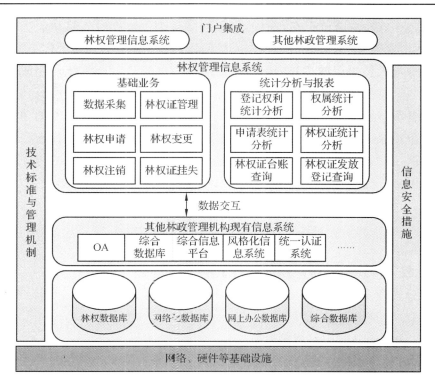

图 11-2 系统总体框架

（三）林权管理信息系统的体系结构设计

如图 11-3 所示，林权管理信息系统是采用 B/S 体系结构的开发方式结合大型关系

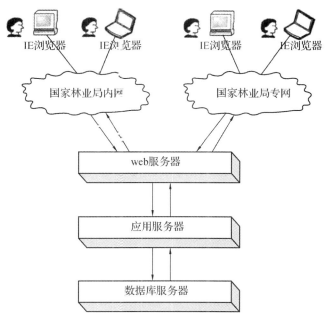

图 11-3 系统体系结构

型数据库的集中式存储方式，在现有的政务网络基础上，供国务院林业主管部门及各级林业主管部门的相关管理人员和操作人员使用林权信息管理服务。

国家林业局人员可以通过局内网直接访问林权证管理信息系统，完成林权登记申请录入、林权证审批打证、申请表和林权证管理和查询统计分析等所有功能。信息系统已覆盖的各级林业主管部门相关管理人员，可以通过林业局政务专网访问系统，完成林权登记申请录入、林权证审批打证、本区域内申请表和林权证管理和数据的查询统计分析功能。对于专网未覆盖的其他林业部门，则采用 VPN 接入的方式连接到林权信息系统专网中，完成林权登一记申请录入和数据查询等有限的功能。

三、林权管理信息系统的应用

(一)林权管理信息系统应用的准备工作

林权信息管理系统建设是一个非常复杂的系统工程，工作量大，牵涉到方方面面，需要领导重视、各方配合才能完成。

1. 领导、机构、人员、经费等保障

在全国各省(自治区、直辖市)推进林权信息系统的建设和应用，离不开各级政府及林业主管部门的领导和有关部门的密切配合。各级政府应当成立领导小组，设立专门的办公室，抽调人员，平安排专项经费保障。

2. 统一技术标准

要在一定区域建立一个共享的林权信息系统，必须统一技术标准。目前，林权管理信息系统尚未建立统一的技术标准，各地在现有技术条件下各自开展林权信息化建设，虽然基础架构相差不大，但是由于各地使用需求差异以及技术水平参差不齐，开发建设的系统在实际操作中千差万别。各省(自治区、直辖市)联网以后许多方面不能兼容，给省内以至全国范围内的林权信息管理造成一些不便。因此，一开始就应该建立统一的技术标准。

3. 切实加强培训

林权信息管理系统建设过程中，外业勘界信息采集、地形图勾绘和转绘、森林资源资产评估、数据录入等环节都是专业性很强的工作，没有一支懂业务的专业人才队伍，是很难顺利完成繁重复杂的工作任务的。因此，加强人员培训、熟练掌握操作技能十分重要。要举办专项技术培训班，对全体调查人员就技术能力、操作规程、注意事项及质量要求等内容进行学习、训练与考核，提高技术人员的业务水平和职业素质，实行持证上岗制度。

4. 系统整合应用

建立林权信息管理系统的出发点是为了使用，必须在应用上拓展，才能有生命力和前景。全面完成"林权 IC 卡"建设后，要及时加强与金融机构对接，将建设成果及时用于林权抵押贷款。探索以林权信息管理系统为基础，整合林木采伐、公益林、征占用林地等信息管理系统，实现森林资源动态管理。

（二）林权管理信息系统应用的基本步骤

林权信息管理系统是在全国各省（自治区、直辖市）建立的林权地籍信息管理系统的基础上，以"图、表、册一致，人、地、证相符"为要求，以"勘界调查、评估建库、制卡授信"三个步骤为关键环节，以明晰产权、核定资产为工作目标，通过林权信息和资源资产评估结果的数字化处理，建立以经营单位（户）为单位的林权信息库。林权信息系统的设计，目的是为了应用到实际管理操作中，开发设计是应用的前提条件，除此之外还有大量的勘界、调查、信息采集、数据录入以及管理实现等步骤。包括完成全国林业用地的省界、市界、县界、乡界、村界、林地所有权（村、组）和林地经营权（户）界线的勘界工作；查清林权证山场森林、林木和林地资源的种类、数量、质量与分布，评估各林权单位森林资源资产价值；建立信息共享的林权信息管理系统，实现林权证统一管理与查询；规范林权档案管理，促进林权流转、林权抵押贷款发展，并为公益林建设、林地征占用、营造林规划与验收、林木采伐管理等其他相关系统建立底层数据共享及林业信息联动，促进林业管理现代化。

第一阶段：组织部署。在国务院林业主管部门的主导下，各省市政府召开区域内林业信息化推进会、制定文件，将林权信息系统建设列入年度工作考核内容。县级林业主管部门作为林权管理的主要职能部门，应当承担林权信息调查与采集工作。抽调县级林业技术人员和乡村干部成立专业调查队伍，准备好地形图、清册、记载表等资料，开展业务技术培训，为林权管理信息化建设打下坚实的组织和专业基础。可选取一个乡镇进行试点。

第二阶段：勘界调查。调查对象是林权证持证人信息、毗连山场信息和林权证山场森林资源状况。调查技术人员携带调查底图和核对好的山林清册，在熟悉情况的当地村民配合下，以林权证山场为单位，采用对坡勾绘法进行界线勾绘。现场核对各林权证山场坐落，调查并填写所属二类小班号、毗连山场持证人和毗连山场编号，如发现有证无山、有山无证、一山多证等差错，现场查找原因，记录备案，以待解决。对于单位林权证山场面积小于 15 亩，同时难以用地形图准确勾绘的，可以若干林权证山场合并一起进行勾绘，并用山场勾绘示意图进行表示。示意图勾绘最大面积为 30 亩，示意图内各山场面积要按目测或分山人口进行估计，按各山场所占百分比填写在示意图内。示意图必须是地形图上对应小班放大图，轮廓形状要保持基本相同，标明指北方向，按本山场村级编号后跟顺序号进行编号，同时写在对应户山场信息卡右上角"编号"处。对于一个由若干林权证山场合并起的地块，其山场信息卡须装订一起，山场勾绘示意图附在首页。

第三阶段：林权信息采集。林权信息采集是山场森林资源基本信息调查，仅仅围绕"人、地、证相符，图、表、册一致"为要求，利用核对好的山林清册，逐项填写持证人姓名、家庭地址、林权证编号、林权字号、山场编号等。

第四阶段：数据录入。一是《山场森林资源基本信息登记表》系统录入；二是地形图电脑数字化录入。根据纸质信息卡和地形图的内容，把全部调查因子逐步录入到系统中，录入过程中要认真仔细、一丝不苟、一字不错、一张不漏、保证数据准确无误，并做到纸质《山场森林资源基本信息卡》和地形图表、图片有专人专管、整理整齐。

第五阶段：评估建库。对勘界调查获得的森林资源资料、权属资料和经营资料，根据《森林资源资产评估技术规范（试行）》，针对具体地块经实地勘验查清山场的实物量、林种、林龄、树高、胸径等林分因子结合影响评估价值的立地条件、地形地貌、土壤、气候等以及当地的营林生产技术标准、定额及有关成本费用资料，当地及附近地区的林木销售价格、林地使用权出让、转让和出租的价格资料，当地及附近地区的林业生产投资收益率，树种的生长过程表、生长模型、收获预测等资料，其他与评估有关的资料等进行综合分析评价，按不同林种、树种、林龄、产期等采取不同的评估方法进行评估。综合考虑森林资源资产的类型、数量、质量、立地条件、交通条件、市场行情、管理成本、采伐利用成本和相关法律法规政策等因素，通过每一地块影响评估价值的不同因子条件评估出每一片农户使用权山场地块的森林资源资产价值，建立农户森林资源资产信息数据库。

为实现"统一评估、一户一卡、随用随贷"的"林权IC卡"贷款信用证制度，其最直观的体现就是森林资源资产的多少，必须对每一户的资源资产进行评估建库。但如果逐户分析逐户评估，一方面工作量太大，另一方面也难以进行实时更新。因此需在系统上在相同条件下设定相同的评估价，不同条件设定相应的评估系数进行转换，评估时，只要设定一个评估基准价格，系统就能自动根据评估主要因子的不同，地块面积的大小计算出每一地块的森林资源资产价值。市场价格发生变化时，只要更新基准价格，就能实现全部地块的更新，操作简便又符合评估的基本要求。

第六阶段：制卡授信。为更好地利用林权管理信息系统，在林权信息和森林资源资产信息数据库的基础上，以森林资源资产信息为管理对象，围绕林权和森林资源资产变化管理，开发集林权和森林资源资产管理于一体的森林资源资产信息化管理系统，建立农户林权及森林资源资产信息档案，制作森林资源资产信息卡，为金融部门核发林权抵押贷款、授信提供依据。

（三）林权管理信息系统的基本功能

1. 系统管理模块

初始化，此功能主要为初学者和试用本系统的用户提供方便，用户可清空测试数据；权限分配，为省市县三级用户划分管理群组，分配管理权限，设定数据库访问权限；日志管理，记录了每一个用户登录系统的时间、操作、操作是否成功等信息；树种林种管理，在数据库中添加树种或林种，为申请表增加树种林种的可选项；行政区划设置，省级管理员设定设区市及所属县的名称和代码，县级管理员设定所在县的乡、村的名称及行政区划码；证号长度设置，为跟手工发证的证号衔接，系统设计了证号长度，各县可根据实际需要进行定制；台账管理，选择需要的台账信息，比如证号、法人、单位等，按区划进行台账查询、导出。

2. 申请表管理

录入申请表，按宗地所在的乡村录入申请表数据，并且在提交数据时，系统做了严格的数据检查，避免了重复录入，保障了数据的有效性；编辑申请表，按申请表编号或申请表所在的村查询，查到要修改的申请表，纠正数据错误或删除申请表；自动审批功能按系统设定的算法将相同的申请表分成一组，并按每本证6宗地的规则自动分配证号，手动审批功能，由用户选定某个或某些申请表，用户分配证号进行审批。

3. 证书管理

证书打印，实现证书的在线打印功能，已打印的证本在打印队列；删除证本，有错误的权证在打印前可删除，删除的证本信息以申请表的形式返回申请表队列，可继续修改，再次审批；注销证本，已打印的证本，在证本信息有变化时，比如林地流转、占用或发现权证信息有误，可以注销，重新发证，注销的权证信息返回申请表。

4. 查询、统计、导出

可按各种条件组合查询林权证号，统计发证面积和发证本数，导出查询结果；系统可生成领取表；可查询注销权证的证号、注销日期、注销原因；可按证号查询注销证本信息。

（四）系统应用中的注意事项

1. 林权信息基础数据的准确性问题

在建立林权信息管理系统的过程中，要十分注意且必须注重的一个重要的问题是数据采集的准确性和可靠性。否则，系统建设再好，也不过是一个空架子，只是存储处理一些华而不实的数据，影响决策和管理。由于历史原因，林业"三定"时工作粗犷，大多地方没有实地测量山场面积，只是按目测或原档案估算，林权证载面积与实际面积相差甚大，加上勘界评估时树种结构、业务水平等原因，导致基础数据不准，因此，林权信息系统数据可靠性大打折扣。权证信息和地形图录入系统后，由于历史山林纠纷、"插花山"错登、勾绘失误等原因，出现了个别"有证无图、有图无证、多证一山"等现象。为了提高准确率，需要对权证信息进行及时更正更新，但工作任务繁重，而且容易引发山林纠纷等不稳定因素。建议系统先使用，在使用中对采伐山场等开展精确测量定位工作，逐步提高精确度和可靠性。

2. 分户变更问题

由于许多林业"三定"分山时的户主年事已高，也有部分已经去世，给林权抵押贷款、林木经营管理等造成了很大不便。建议各级林权管理机构及时受理继承、分户、变更等申请，及时更新。

3. 地形图录入保密问题

为便于应用，需将山场地形图录入系统，并根据需要分别不同比例尺提取使用，但这与我国保密安全有关规定相冲突。要处理好使用与保密的关系。

第四节　林权管理信息系统的效益

一、林权信息管理系统的成效

加快推进林权管理信息化建设，建立和健全林权管理信息系统，既有十分重大的现实效益，又起到了十分深远的历史作用：

首先，加快林权管理信息化是全面推进现代林业建设的迫切要求，现代林业是充分利用先进科学技术和信息化手段的林业，高水平的信息化是现代林业的重要标志。国家森林资源清查、荒漠化监测、野生动植物调查、湿地调查和森林火灾监测等由传统依靠人力向利用空间数据信息化技术转变，以及推进无纸化办公、实现整个林业信息资源共享都迫切要求加快林权管理信息化建设。

其次，加快林权管理信息化是转变政府职能、提高林业社会服务水平的迫切要求。现代社会是信息化社会，通过信息化手段及时获取信息、了解情况、办理事务，已日益成为人们的生活习惯，也已成为转变政府职能、提高社会服务水平的迫切要求。由于目前林业信息化建设相对滞后，林权信息服务比较薄弱，难以很好地满足人民群众的诸多需求。特别是随着行政许可、政务公开的深入开展，对林权信息化服务时效和质量的要求越来越高。林权管理信息系统的应用，起到了规范林权管理、提高工作效率的实际效果。现代林业是建立在信息化基础上的林业，通过林权信息管理系统建设，再集成、整合其他林业信息化管理系统，就可以为林业现代化管理提供支撑，基层林业工作者就不需要事事都跋山涉水到实地，减轻了不少工作量。

再次，加快推进林权管理信息化建设，已成为兴林富民、服务群众的重要任务。林权信息管理系统的建设，将有力促进农村信用体系建设和林权抵押贷款的增量扩面，也有利于加快现代林业建设的步伐：一是提高了农民的资产意识和信用意识。通过评估建档，让农民清楚了解了自己山上的森林资源价值，明白了通过林权抵押贷款可以把资源变为资产，取得创业资金，并且只要按时还贷、诚实守信，就可以得到源源不断的资金。二是减少了山林权属纠纷。林权信息管理系统建设的第一个步骤就是林权外业勘界，通过勘界到户可以摸清家家户户的林地经营情况，明确林地四至界限，真正做到了产权明晰，减少了林权纠纷。三是有效破解农村"贷款难"问题。林权信息管理系统实现了森林产权、资产信息"一卡通"，为农民林权抵押贷款提供及时有效的评估服务，有效破解了林权抵押贷款工作中的"评估难"、"手续繁"等问题，激发了农民申请贷款和金融机构放贷的积极性，促进林权抵押贷款增量扩面。

二、林权管理信息系统的优化

集林权地籍属性数据和空间数据管理于一体的林权信息化管理系统，具有详细的林权基本信息、森林资源资产详细数据及抵押信息，可广泛应用于林木采伐管理、征占用林地、二类资源调查、森林保险、林业生产、公益林建设、规划调查等林业领域上，是开展各项林业活动的基础和平台，与其他系统对接、整合、兼容，实现资源共享，促进林业信息化建设具有十分重要的意义和作用。当前，多个省（自治区、直辖市）已开发出林木采伐、木材流通、公益林等各种管理系统，并广泛应用于各个管理领域上，但却未有效整合，均处于各自单独运用，没有实现资源共享，再加上系统过多，也不利于基层操作。实际上，林权信息管理是基础，在林木采伐管理上，通过林权信息管理系统可以查询到申请采伐地块上的林权权利所有人、山场坐落、林分情况、地形图等详细资料，以及是否已进行抵押贷款等行为，加强了林木采伐的审核、伐中和伐后验收管理工作。同时可将林木采伐信息及时在森林资源信息表上进行更新，确保地块因林木采伐而导致的森林资源信息的变化，确保森林资源资产信息的准确性和真实性。在公益林界定和管理方面，可根据林权信息进行，避免因权属而产生界定错误。在其他方面，以林权信息管理系统基础，也可以进行整合和兼容。因此，有必要尽快对这些系统进行有机整合，实现林权信息资源共享，有效节约人力物力资源，提高工作效率。建议成立林业信息化管理专门机构，负责系统的管理、维护和指导工作。对系统数据进行动态管理，及时与采伐管理、公益林管理、营造林管理等信息系统对接，并根据林木自然生长率计算动态增长量，及时核减采伐、火烧等资源数量，及时注销征用林地权证。

第十二章　林权的法律保护与林权争议调处

第一节　林权的法律保护

一、《森林法》的相关规定

我国《森林法》第 17 条规定："单位之间发生的林木、林地所有权和使用权争议，由县级以上人民政府依法处理。个人之间、个人与单位之间发生的林木所有权和林地使用权争议，由当地县级或者乡级人民政府依法处理。当事人对人民政府的处理决定不服的，可以在接到通知之日起一个月内，向人民法院起诉。在林木、林地权属争议解决以前，任何一方不得砍伐有争议的林木。"由此可见，林权争议的处理采取的是行政处理前置，即林权争议发生后，应先由人民政府予以处理，人民政府处理后若当事人不服，可以向人民法院提起诉讼。当事人提起的诉讼是行政诉讼，但也可以同时提起附带民事诉讼以解决林权争议。

《森林法》第 17 条的规定将人民政府对林权争议的处理作了区分，即单位之间发生的林权争议，由县级以上人民政府处理。个人之间、个人与单位之间发生的林权争议，则由当地县级或者乡级人民政府依法处理。此外，为了保护实际权利人的合法权益，《森林法》还规定在林权争议解决以前，任何一方不得砍伐有争议的林木。

二、《物权法》的相关规定

《物权法》的规定对林权的保护方式主要有：因林权的归属、内容发生争议的，利害关系人可以请求确认权利；无权占有林地、林木的，权利人可以请求返还原物；妨害林权或者可能妨害林权的，权利人可以请求排除妨害或者消除危险；造成林地、林木损毁的，权利人可以请求恢复原状；侵害林权，造成权利人损害的，权利人可以请求损害赔偿，也可以请求承担其他民事责任。以上林权的保护方式，可以单独适用，也可以根据权利被侵害的情形合并适用。

（一）确认林权请求权

确认林权请求权，可以归入确认物权请求权。但是，根据《森林法》的规定，确认林权应当实行行政处理前置。

（二）返还林地、林木请求权

返还林地、林木请求权是指权利人可以请求无权占有人返还林地、林木的权利。这项请求权对于保护林权，维护权利人的合法权益具有至关重要的作用。除了抵押权外，权利人要实现其林权所体现的介值，就需要占有林地、林木，而返还林地、林木请求权可以帮助权利人对林地、林木持续、有效的占有。

（三）排除妨害或者消除危险请求权

对于已经妨害林权的行为，权利人可以请求排除之，对于可能妨害林权的危险，权利人可以请求消除之，这就是排除妨害或者消除危险请求权。此处的"妨害"、"危险"指的是超出了权利人容忍范围的"妨害"、"危险"。

（四）恢复林地、林木原状请求权

对于造成林地、林木损毁的，权利人可以请求行为人恢复林地、林木的原状。例如，由于某化工厂的排污行为致使某林地盐碱化和部分林木死亡，此时林权人可以请求该化工厂采取适当措施恢复林地土壤的物理、化学性质，并补种与死亡林木大小、种类、数量相当的林木。

（五）损害赔偿请求权

侵害林权，造成权利人损害的，权利人可以请求侵害人赔偿损失。损害赔偿是保护林权最为常见的一种方式，应用一分广泛。例如，某人盗伐林木，林木的所有权人可以请求该盗伐者赔偿损失。

（六）多种保护方式并用

以上几种保护方式，并非互相排斥、非此即彼的关系，而是可以并用的。例如，林权受到侵害时，权利人既可以选择行使排除妨害请求权，也可以选择行使损害赔偿请求权，还可以在行使排除妨害请求权的同时行使损害赔偿请求权。

三、《刑法》的相关规定

（一）《刑法》对林地权属的保护

1. 通过打击非法转让、倒卖土地使用权罪，保护林地

《刑法》第 228 条规定的是非法转让、倒卖土地使用权罪。以牟利为目的，违反土地管理法规，非法转让、倒卖土地使用权，情节严重的，处 3 年以下有期徒刑或者拘役，并处或者单处非法转让、倒卖土地使用权价额 5% 以上 20% 以下罚金；情节特别严重的，处 3 年以上 7 年以下有期徒刑，并处非法转让、倒卖土地使用权价额 5% 以上 20% 以下罚金。根据《全国人民代表大会常务委员会关于 < 中华人民共和国刑法 > 第 228 条、第 342 条、第 410 条的解释》，《刑法》第 228 条中的"土地"包括林地在内，因此，《刑法》第 228 条体现了刑法对林权的保护。本罪的特点是：第一，构成非法转让、倒卖土地使用权罪的行为人在主观上要以牟利为目的。第二，本罪属于结果犯，

即要求"违反土地管理法规，非法转让、倒卖土地使用权"的行为属于"情节严重"方构成犯罪。第三，在处罚上，要求处以罚金，即处罚方式为单独处以罚金或在判处有期徒刑或拘役的同时并处罚金。

2. 通过打击非法占用农用地罪，保护林地

《刑法》第 342 条规定的是非法占用农用地罪。违反土地管理法规，非法占用耕地改作他用，数量较大，造成耕地大量毁坏的，处 5 年以下有期徒刑或者拘役，并处或者单处罚金。本罪的特点是：第一，本罪属于结果犯。根据《最高人民法院关于审理破坏林地资源刑事案件具体应用法律若干问题的解释》，"数量较大，造成林地大量毁坏"包括以下情形：①非法占用并毁坏防护林地、特种用途林地数量分别或者合计达到 5 亩以上；②非法占用并毁坏其他林地数量达到 10 亩以上；③非法占用并毁坏上述林地，数量分别达到相应规定的数量标准的 50% 以上；④非法占用并毁坏上述林地，其中一项数量达到相应规定的数量标准的 50% 以上，且两项数量合计达到该项规定的数量标准。第二，在处罚上，要求处以罚金，处罚方式为单独处以罚金或在判处有期徒刑或拘役的同时并处罚金。

3. 通过打击非法批准征用、占用土地罪与非法低价出让国有土地使用权罪，保护林地

《刑法》第 410 条规定的是非法批准征用、占用土地罪和非法低价出让国有土地使用权罪。国家机关工作人员徇私舞弊，违反土地管理法规，滥用职权，非法批准征用、占用土地，或者非法低价出让国有土地使用权，情节严重的，处 3 年以下有期徒刑或者拘役；致使国家或者集体利益遭受特别重大损失的，处 3 年以上 7 年以下有期徒刑。根据《全国人民代表大会常务委员会关于 < 中华人民共和国刑法 > 第 228 条、第 342 条、第 410 条的解释》和《最高人民法院关于审理破坏林地资源刑事案件具体应用法律若干问题的解释》，《刑法》第 410 条中的"土地"是包括林地在内的。因此，《刑法》第 410 条体现了刑法对林权的保护。

本罪属于结果犯，根据《最高人民法院关于审理破坏林地资源刑事案件具体应用法律若干问题的解释》（法释［2005］14 号），构成非法批准征用、占用土地罪所需的"情节严重"包括以下情形：①非法批准征用、占用防护林地、特种用途林地数量分别或者合计达到 10 亩以上；②非法批准征用、占用其他林地数量达到 20 亩以上；③非法批准征用、占用林地造成直接经济损失数额达到 30 万元以上，或者造成防护林地、特种用途林地数量分别或者合计达到 5 亩以上、其他林地数量达到 10 亩以上毁坏。构成非法批准征用、占用土地罪"致使国家或者集体利益遭受特别重大损失"包括以下情形：①非法批准征用、占用防护林地、特种用途林地数量分别或者合计达到 20 亩以上；②非法批准征用、占用其他林地数量达到 40 亩以上；③非法批准征用、占用林地造成直接经济损失数额达到 60 万元以上，或者造成防护林地、特种用途林地数量分别或者合计达到 10 亩以上或者其他林地数量达到 20 亩以上毁坏。

根据《最高人民法院关于审理破坏林地资源刑事案件具体应用法律若干问题的解释》，构成非法低价出让国有土地使用权罪所需的"情节严重"包括以下情形：①林地数量合计达到 30 亩以上，并且出让价额低于国家规定的最低价额标准的 60%；②造成国有资产流失价额达到 30 万元以上。构成非法低价出让国有土地使用权罪"致使国家和集体利益遭受特别重大损失"则是指"造成国有资产流失价额达到 60 万元以上。"

（二）《刑法》对国家重点保护植物的保护

《刑法》第 344 条规定的是非法采伐、毁坏国家重点保护植物罪，非法收购、运输、加工、出售国家重点保护植物、国家重点保护植物制品罪。违反国家规定，非法采伐、毁坏珍贵树木或者国家重点保护的其他植物的，或者非法收购、运输、加工、出售珍贵树木或者国家重点保护的其他植物及其制品的，处 3 年以下有期徒刑、拘役或者管制，并处罚金；情节严重的，处 3 年以上 7 年以下有期徒刑，并处罚金。

根据《最高人民法院关于审理破坏森林资源刑事案件具体应用法律若干问题的解释》（法释［2000］36 号），本罪的"珍贵树木"，包括由省级以上林业主管部门或者其他部门确定的具有重大历史纪念意义、科学研究价值或者年代久远的古树名木，国家禁止、限制出口的珍贵树木以及列入国家重点保护野生植物名录的树木。本罪的"情节严重"是指：①非法采伐珍贵树木 2 株以上或者毁坏珍贵树木致使珍贵树木死亡 3 株以上的；②非法采伐珍贵树木 2 立方米以上的；③为首组织、策划、指挥非法采伐或者毁坏珍贵树木的；④其他情节严重的情形。

（三）《刑法》对林木的保护

1. 通过打击盗伐、滥伐，保护林木

《刑法》第 345 条规定的是盗伐林木罪，非法收购、运输盗伐、滥伐的林木罪。盗伐森林或者其他林木，数量较大的，处 3 年以下有期徒刑、拘役或者管制，并处或者单处罚金；数量巨大的，处 3 年以上 7 年以下有期徒刑，并处罚金；数量特别巨大的，处 7 年以上有期徒刑，并处罚金。违反森林法的规定，滥伐森林或者其他林木，数量较大的，处 3 年以下有期徒刑、拘役或者管制，并处或者单处罚金；数量巨大的，处 3 年以上 7 年以下有期徒刑，并处罚金。非法收购、运输明知是盗伐、滥伐的林木，情节严重的，处 3 年以下有期徒刑、拘役或者管制，并处或者单处罚金；情节特别严重的，处 3 年以上 7 年以下有期徒刑，并处罚金。盗伐、滥伐国家级自然保护区内的森林或者其他林木的，从重处罚。

根据《最高人民法院关于审理破坏森林资源刑事案件具体应用法律若干问题的解释》，盗伐林木"数量较大"，以 2～5 立方米或者幼树 100～200 株为起点；盗伐林木"数量巨大"，以 20～50 立方米或者幼树 1000～2000 株为起点；盗伐林木"数量特别巨大"，以 100～200 立方米或者幼树 5000～10000 株为起点。滥伐林木"数量较大"，以 10～20 立方米或者幼树 500～1000 株为起点；滥伐林木"数量巨大"，以 50～100 立方米或者幼树 2500～5000 株为起点。林木数量以立木蓄积计算，计算方法为原木材积除以该树种的出材率。而所谓"幼树"，是指胸径 5 厘米以下的树木。滥伐树木的数量，应在伐区调查设计允许的误差额以上计算。各省、自治区、直辖市高级人民法院可以根据本地区的实际情况，在以上数量幅度内，确定本地区执行的具体数量标准，并报

最高人民法院备案。

违反森林法的规定，具有下列情形之一，数量较大的，以滥伐林木罪定罪处罚：①未经林业主管部门及法律规定的其他主管部门批准并核发林木采伐许可证，或者虽持有林木采伐许可证，但违反林木采伐许可证规定的时间、数量、树种或者方式，任意采伐本单位所有或者本人所有的森林或者其他林木的；②超过林木采伐许可证规定的数量采伐他人所有的森林或者其他林木的。

林木权属争议一方在林木权属确权之前，擅自砍伐森林或者其他林木，数量较大的，以滥伐林木罪论处。对于一年内多次盗伐、滥伐少量林木未经处罚的，累计其盗伐、滥伐林木的数量，构成犯罪的，依法追究刑事责任。

非法收购明知是盗伐、滥伐的林木中的"明知"，是指知道或者应当知道。具有下列情形之一的，可以视为应当知道，但是有证据证明确属被蒙骗的除外：①在非法的木材交易场所或者销售单位收购木材的；②收购以明显低于市场价格出售的木材的；③收购违反规定出售的木材的。

具有下列情形之一的，属于在林区非法收购盗伐、滥伐的林木"情节严重"：①非法收购盗伐、滥伐的林木20立方米以上或者幼树1000株以上的；②非法收购盗伐、滥伐的珍贵树木2立方米以上或者5株以上的；③其他情节严重的情形。

具有下列情形之一的，属于在林区非法收购盗伐、滥伐的林木"情节特别严重"：①非法收购盗伐、滥伐的林木100立方米以上或者幼树5000株以上的；②非法收购盗伐、滥伐的珍贵树木5立方米以上或者10株以上的；③其他情节特别严重的情形。

盗伐、滥伐珍贵树木，同时触犯《刑法》第344条、第345条规定的，依照处罚较重的规定定罪处罚。盗伐、滥伐以生产竹材为主要目的的竹林的定罪量刑问题，有关省、自治区、直辖市高级人民法院可以参照上述规定的精神，规定本地区的具体标准，并报最高人民法院备案。

2. 通过打击聚众哄抢、盗窃，保护林木

根据《最高人民法院关于审理破坏森林资源刑事案件具体应用法律若干问题的解释》，非法实施采种、采脂、挖笋、掘根、剥树皮等行为，牟取经济利益数额较大的，依照《刑法》第264条的规定，以盗窃罪定罪处罚。同时构成其他犯罪的，依照处罚较重的规定定罪处罚。

根据《最高人民法院关于审理破坏森林资源刑事案件具体应用法律若干问题的解释》，聚众哄抢林木5立方米以上的，属于聚众哄抢"数额较大"；聚众哄抢林木20立方米以上的，属于聚众哄抢"数额巨大"，对首要分子和积极参加的，依照《刑法》第268条的规定，以聚众哄抢罪定罪处罚。

3. 通过打击伪造、变造、买卖国家机关公文、证件，保护林木

根据《最高人民法院关于审理破坏森林资源刑事案件具体应用法律若干问题的解释》第13条规定，对于伪造、变造、买卖林木采伐许可证、木材运输证件，森林、林木、林地权属证书，占用或者征用林地审核同意书、育林基金等缴费收据以及其他国家机关批准的林业证件构成犯罪的，依照刑法第280条第1款的规定，以伪造、变造、买卖国家机关公文、证件罪定罪处罚。对于买卖允许进出口证明书等经营许可证明，同时触犯刑法第225条、第280条规定之罪的，依照处罚较重的规定定罪处罚。

4. 通过打击违法核发林木采伐许可证，保护林木

根据《最高人民法院关于审理破坏森林资源刑事案件具体应用法律若干问题的解释》，林业主管部门的工作人员违反森林法的规定，超过批准的年采伐限额核发林木采伐许可证或者违反规定滥发林木采伐许可证，具有下列情形之一的，属于刑法第407条规定的"情节严重，致使森林遭受严重破坏"，以违法核发林木采伐许可证罪定罪处罚：①核发林木采伐许可证允许采伐数量累计超过批准的年采伐限额，导致林木被采伐数量在10立方米以上的；②滥发林木采伐许可证，导致林木被滥伐20立方米以上的；③滥发林木采伐许可证，导致珍贵树木被滥伐的；④批准采伐国家禁止采伐的林木，情节恶劣的；⑤其他情节严重的情形。

（四）盗伐林木、收购盗伐的林木案件中没收的木材的处理

盗伐林木、收购盗伐的林木案件中没收的木材如何处理，是一个关系到被害人（林权人）权益的重要问题，也是一个属于林权保护范围的问题。

《刑法》第64条规定："犯罪分子违法所得的一切财物，应当予以追缴或者责令退赔；对被害人的合法财产，应当及时返还；违禁品和供犯罪所用的本人财物，应当予以没收。没收的财物和罚金，一律上缴国库，不得挪用和自行处理。"

根据这一规定，盗伐林木、收购盗伐的林木案件中没收的木材应当及时返还给被害人，或责令犯罪分子退赔。因此，承办案件的国家机关应当积极寻找案件中的被害人，一方面有利于进一步弄清案件事实，另一方面也有利于将没收的木材及时返还给被害人。若这些木材尚未为承办案件的国家机关所控制，则应当责令犯罪分子退赔，以维护被害人的合法权益。

在实践中，可能因为案件发生的年代久远，或者犯罪分子属于流窜作案，或者犯罪分子属于惯犯多次作案等原因，无法寻找到被害人。在这种情况下，办案机关应当发布公告寻找受害人，达到一定期限后仍然无法找到被害人的，没收的木材应当予以拍卖，拍卖款上缴国库。

第二节　林权争议调处

一、林权争议与林权争议调处

在林业生产经营活动中，由于森林、林木、林地的所有权或者使用权的归属问题，经常会出现争议。林权争议就是因森林、林木、林地所有权或者使用权的归属而产生的争议。林权争议过去多称为"山林权纠纷"或"林权纠纷"，是林区工作中的一个突出难题。目前，我国正处在经济发展的转轨时期，随着林业改革的日益深入，林权争议也随着林业管理体制的改革和利益的再分配而突显出来。林权争议若得不到及时解决，会影响林业生产建设，破坏森林资源，甚至威胁生命财产安全，影响农村社会稳定以及和谐社会的构建。林权争议在法律上属于民事纠纷，是民事财产所有权或者使用权纠纷的范畴。林权争议的这一性质，决定了解决林权争议要注重调解，注重确权。

林权争议调处是指人民政府或者人民政府有关部门，在查清事实、分清责任的基础上，通过说服教育、耐心疏导等方式，促使当事人互相谅解，通过协商自愿达成协议；协商不成的，由人民政府依法作出决定，从而解决林权纠纷的一种制度。随着集体林权制度改革的不断深入，做好林权争议调处工作，完善林权争议调处机制，是集体林权制度改革健康有序推进的重要保障，也是建设社会主义新农村、构建社会主义和谐社会的重要环节。因此，做好林权争议调处工作，显得十分重要。

二、林权争议的特点、类型与产生原因

（一）林权争议的特点

1. 纠纷主体的集中性

林权争议主要发生在国有林场、自然保护区等国有单位之间，村组集体经济组织、集体林场等集体单位之间，国有单位与集体单位之间，农民个人之间以及农民个人与国有单位或集体单位之间。而其中以集体单位之间和国有单位与集体单位之间的纠纷多见，且较严重。发生诉讼时，绝大多数属于集体诉讼案件，有的案件原告人数超过数十人甚至达数百人，而且村委会和行政机关成为被告的较多，村委会是农村的基层管理组织，是农村集体土地承包、流转的实际操作者，易成为被告，也有村民将村委会和承包方列为共同被告；另外，政府行政机关在核发林权证等工作中以及调处纠纷过程中也易成为被复议的对象或诉讼被告。

2. 纠纷起因的复杂性

引发林权争议的原因是多方面的。首先，山林的自身特性决定了确定山林界址比较困难，不同经营主体的山林之间往往没有明显的界线，也难以同农田一样，用田埂区分开来。其次，历史遗留问题。我国的林权宏观政策伴随着土改前、土改时期、合作化和人民公社时期、"四固定"时期、"三定"时期等不同阶段发生了多次变迁，政府较多使用了行政手段，而忽视了经济手段、法律手段，因而导致产权较混乱。第三，林权证核发工作不规范。例如，20 世纪 80 年代初林业"三定"时期，县级以上人民政府给生产队、农户核发了《山林权证》、《社员自留山证》、《社员责任山证》及《林业生产责任书》，将集体的山林承包或划分自留山给农户个体经营。这一时期，由于确权发证工作比较简单、粗放，山林权证不统一、不规范，核发的山林权证由县人民政府自己印制核发到乡镇甚至生产队，由大队或生产队组织填写，证上只标有四至地名，无附图，无边界邻近双方签名认定，出现重证、一山多证或一证多山、四至与面积不

一致等人、地、证不符的现象。第四，经济利益的驱动。改革开放前，对村民而言，即使国有林场没有占有集体林地，地方林业部门没有划走山林，自留山主拥有完整山林权，农民个体之间在山林资源占有上没有差异，这些权利在高税费、高管制的约束下带来不了更多利益。反之，权利被剥夺或限制也不会造成明显的利益损失，于是冲突便处于隐性阶段，尚未升级为林权纠纷；伴随着经济发展和林业市场化程度提高带来的社会对林产品和森林环境需求的持续增长，森林资源稀缺度随之提升，市场拉动下的林地林木价格上涨成为不容争辩的事实。山林经营收益凸现的事实激发了农民对山林资源强烈的产权需求，国有林场低价占有集体林地、地方林业部门无偿划拨山林以及农民个体间不平等的山林占有现状严重阻碍了农民产权需求的实现，纠纷因此而生。

3. 纠纷冲突方式逐渐升级

林权纠纷具有极大的危害性，一旦发生纠纷，当事人就不能对争议山林进行生产经营活动，影响林业生产建设；争议发生过程中，易发生乱砍滥伐、哄抢林木事件，破坏森林资源；矛盾一旦激化，还会发生群体斗殴事件，损坏财产，造成巨大经济损失，影响安定团结和民族团结，也影响农村社会稳定。

4. 纠纷处理难，时间跨度大

有些已解决的林权纠纷，由于一方当事人的反悔，或认为原先协商的方案不合理，或认为政府裁决不公，拒绝履行协议或裁决处理决定，或司法裁决后因监督执行不力，重新引发林权纠纷，有些林权纠纷甚至反复多次，尤其对于跨行政区划的林权纠纷，由于缺乏相应的协调机制，加之地方利益的驱动，处理起来更是难上加难。另外，由于历史原因，在林权纠纷调处过程中，有效证据往往不充分，农民为了自身利益又尽己所能全力争取。这样就造成林权纠纷常常久拖未决，历时数年。例如广州从化市吕田镇鱼洞村林权纠纷一案，从出现争议到最终解决，前后经过了两级政府处理决定、一审和二审，共历时 20 年。实践中，类似的长期存在并且没有解决的林权纠纷案件并非少数。

(二) 林权争议的类型

林权争议的类型，可以按照争议的对象、经济性质和行政区划等因素来划分。

1. 按争议对象划分

(1) 林木的所有权或者使用权的争议。这类争议属于林木的权属争议，而不包括林地的权属争议。也就是说，在这类争议中，林地的权属是清楚的，只有林木的权属不清楚。

(2) 林地的所有权或者使用权的争议。这类争议属于林地的权属争议，而不涉及林木的权属问题。

(3) 林木、林地的所有权和使用权的争议。这类争议，既包括林木的权属争议，也涉及林地的权属争议。林地所有权的争议，只能发生在不同性质的单位之间或者不同的集体经济组织之间，如全民所有制单位与集体所有制单位之间，或者不同的集体所有制单位之间。在全民所有制单位之间，全民所有制或集体所有制单位与公民个人之间，以及公民个人相互之间，不会发生林地所有权争议。但是，在全民所有制单位之间、全民所有制与集体所有制单位之间、集体所有制单位之间，全民所有制或者集体所有制单位与公民个人之间，以及公民个人相互之间，都有可能产生林地使用权争议。

2. 按经济性质划分

这是《森林法》中划分的主要方式，按经济性质划分是确定由哪一级政府调处的依据，可分为：

（1）全民所有制单位之间的林权争议；

（2）全民所有制单位与集体所有制单位之间的林权争议；

（3）集体所有制单位之间的林权争议；

（4）个人与全民所有制单位之间的林权争议；

（5）个人与集体所有制单位的林权争议；

（6）个人与个人之间的林权争议。

3. 按行政区域划分

这种划分方法，便于分级落实解决争议，可分为：

（1）同一乡镇范围内个人之间、个人与其他经济组织之间的林权争议；

（2）同一县范围内，乡镇与乡镇之间的林权争议；

（3）同一地区（市、州）范围内，县与县之间的林权争议；

（4）同一省、自治区、直辖市范围内，地（市、州）之间的林权争议；

（5）省际的林权争议。

（三）林权争议产生的原因

林权争议产生的原因比较复杂，主要有：

1. 历史遗留原因

由于林地的自由买卖，婚姻嫁娶的随带与赠与，使山林权属不断变迁转移，造成了十分复杂的山林分布和权属关系，经过几代后，彼此牵扯不清，尤其在一些行政区域毗连的地方，山界的认定新中国成立前就有分歧，一直遗留到现在。

2. 林权证核发工作不规范

例如，新中国成立后各个历史时期因定权发证工作不细致或者认定权属的技术措施落后，对有关参照物记录不清、面积不准确，导致地点不明、四至范围不清、面积不符，出现一山多证，一证多山的现象，从而产生纠纷。

3. 承包合同不规范

例如，合同签订时未经法定程序，村、组干部个人说了算。还有一些是口头合同，无据可查。这些都容易导致纠纷的产生。

4. 林权流转未及时变更登记

例如，林业"三定"后，一些地方林地林木发生了流转，而未及时进行变更登记或者注销登记，致使权利人的合法权益得不到保障，出现了有地无证、有证无地等情况。

5. 林业生产经营活动无记录

例如，各个历史时期的谁造谁有、集体统一消灭荒山等鼓励植树造林政策，多方在不同时期对同一宗林地进行造林，因无详细记载而产生纠纷。

产生林权争议的原因很多，在解决纠纷中，应当弄清纠纷产生的原因，根据有关法律法规的规定和具体情况，顺利解决林权争议。

三、林权争议的调处机构及解决方式

《森林法》规定，单位之间发生的林木、林地所有权和使用权争议，由县级以上人民政府依法处理；个人之间、个人与单位之间发生的林木所有权和林地使用权争议，由当地县级或者乡级人民政府依法处理。地方各级人民政府设立的林权争议处理机构按照管理权限分别负责办理林权争议处理的具体工作。县级以上人民政府林业主管部门作为政府的职能部门应根据政府的规定负责或者协助政府林权争议处理机构办理林权争议的有关工作，当事人对人民政府的处理决定不服的，可以在接到通知之日起一个月内，向人民法院起诉。

林权争议的解决方式主要有当事人协商解决和人民政府的调处。对因林地承包经营发生纠纷的，也可以向人民法院提起民事诉讼。

（一）当事人协商解决

当事人协商解决林权争议，可以分为以下几个步骤。

（1）当事人一方向对方提出解决林权争议的建议。

（2）当事人之间进行协商或实地调查。当事人一方提出的建议被对方接受后，当事人之间可以进行接触，就争议问题进行具体协商，还可以进行实地勘察或调查。

（3）签订协议。如果当事人之间就解决林权争议问题取得了一致意见，争议的实质内容在协商中已经解决，则可签订解决争议的协议。

（4）县级以上人民政府办理权属登记手续。当事人将解决林权争议所签订的协议上报有关人民政府。对于不合法的协议，人民政府可以令其修改或者确认协议无效；对于符合法律规定的协议，应予以核准，按照法律规定和协议的内容登记造册，核发证书，确认权属。

（二）行政调处

行政调处是由人民政府对林权争议进行调解或裁决。由当事人的一方向人民政府或者其争议处理机构申请处理。在人民政府或者其林权争议处理机构的主持下，当事人之间进行协商解决。经人民政府或者其林权争议处理机构调解达成协议的，当事人应当在协议书上签名或者盖章，并由调解人员署名，加盖调处机构印章。当事人不愿协商、调解或协商、调解不成的，由人民政府作出处理决定。

从法律性质上来说，人民政府处理林权争议所作出的处理决定，属于具体行政行为。争议的一方当事人不服处理决定的，不能以另一方当事人为被告提起民事诉讼，而只能提起行政复议或者行政诉讼。

（三）民事诉讼

民事诉讼是林权争议的司法解决方式，由当事人向人民法院提起民事诉讼，经人民法院依法审理后作出判决或裁定。《农村土地承包法》第51条规定，因土地承包经营发生纠纷的，双方当事人可以通过协商解决，也可以请求村民委员会、乡（镇）人民政府等调解解决。当事人不愿协商、调解或者协商、调解不成的，也可以直接向人民法院起诉。《最高人民法院关于审理涉及农村土地承包纠纷案件适用法律问题的解释》第1条第1款规定："下列涉及农村土地承包民事纠纷，人民法院应当依法受理：（一）承包合同纠纷；（二）承包经营权侵权纠纷；（三）承包经营权流转纠纷；（四）承包地征收补偿费用分配纠纷；（五）承包经营权继承纠纷。"林地属于农村土地范畴，涉及林地承包经营纠纷案件可以通过民事诉讼解决。除以上列举之外的林权争议案件，仍要按照《森林法》第17条规定，向人民政府林权争议处理机构申请处理。

（四）仲裁制度

仲裁是指双方在争议前或争议后达成协议，自愿将争议交给第三者裁决，双方有义务执行的一种解决争议的办法。近年来，随着农村土地承包经营权流转速度的加快，农村土地承包经营纠纷案件逐年上升，其中包括了大量的因林权纠纷引发的林地承包合同纠纷。为及时化解农村土地承包经营纠纷，维护农村的社会稳定，十一届全国人民代表大会常务委员会第九次会议审议通过了《农村土地承包经营纠纷调解仲裁法》（以下简称《承包仲裁法》），并于2010年1月1日起正式实施。因此，在林权纠纷的解决方式中，增加了仲裁方式。

制定《承包仲裁法》，是维护农民土地承包经营权和农村稳定的有效措施，也是落实《仲裁法》和《农村土地承包法》、规范土地承包仲裁工作的客观需要，为农村土地承包纠纷仲裁工作的开展提供了法律依据，可高效率、低成本地化解农村土地承包纠纷。农村土地承包面积广、情况复杂、解决难度大，仲裁既能克服信访渠道解决周期长、成本高的问题，又能避免诉讼程序复杂、审理时间长的弊端，是一种方便快捷的化解纠纷的新办法。

在《承包仲裁法》中，明确规定了仲裁的适用范围、仲裁机构和仲裁员的组成、申请和受理程序、仲裁庭的组成和职责、开庭和裁决等。《承包仲裁法》第12至14条规定，县级人民政府根据实际情况组织成立农村土地承包仲裁委员会；仲裁委员会由政府代表、有关部门代表、农民代表以及法律、经济等专业人员组成，其中农民代表和专业人员不得少于总数的二分之一；仲裁委员会负责聘任、解聘仲裁员，受理案件，并监督仲裁活动。《承包仲裁法》第6条、第12条、第52条规定，仲裁机构日常工作由当地农村土地承包管理部门承担，仲裁工作经费由财政预算保障，不得向当事人收取费用。《承包仲裁法》的上述条款规定仲裁委员会由政府组建，开办费用、办公用房等由政府操办，不以盈利为目的，而是为了促进农村经济的发展以及农村社会的稳定。

因此，可以认为，农村土地承包纠纷仲裁委员会是由政府使用国有资产组建的通过仲裁方式解决农村土地承包纠纷的机构，明显不同于各类社会中介组织，更不同于西方国家的完全具有独力性、自主性、民间性的仲裁机构。

在我国，农村土地承包经营纠纷问题十分复杂，专业性和政策性极强，不适宜像普通民商事仲裁那样完全实行民间仲裁。应当立足国情，"公助民办"，充分发挥政府的指导和扶持作用，来保护农民权益。

四、林权争议调处的原则与法律依据

林权争议的调处应当遵循以下原则：第一，依法维护权利人权益的原则，合情、合理、合法地解决争议；第二，尊重历史、面对现实的原则，一切从实际出发，参照历史变迁和现实使用情况，互让互谅地解决争议；第三，遵循有利于安定团结，有利于保护、培育和合理利用森林资源，有利于群众的生产生活的原则；第四，在争议解决之前不得改变林地利用现状的原则，不得破坏地上附着物，停止办理林权变更登记和设定抵押权登记等手续。

林权争议调处的法律依据主要包括：《森林法》第 17 条的规定，1996 年林业部发布的《林木林地权属争议处理办法》，2000 年国家林业局发布的《林木和林地权属登记管理办法》，《物权法》、《土地管理法》和《农村土地承包法》中的有关规定等。此外，还可以参考《中共中央　国务院关于全面推进集体林权制度改革的意见》、《中共中央国务院关于加快林业发展的决定》中有关林权的政策性规定等。

(一)《森林法》

《森林法》第 17 条规定，单位之间发生的林木、林地所有权和使用权争议，由县级以上人民政府依法处理。个人之间、个人与单位之间发生的林木所有权和林地使用权争议，由当地县级或者乡级人民政府依法处理。当事人对人民政府的处理决定不服的，可以在接到通知之日起一个月内，向人民法院起诉。在林木、林地权属争议解决以前，任何一方不得砍伐有争议的林木。《森林法》的这一规定，明确了以下两点：

(1)林权争议调处主体。其中，单位之间林权争议的调处主体是县级以上人民政府，而个人之间、个人与单位之间林权争议的调处主体是县级或者乡级人民政府。

(2)争议解决以前不得砍伐有争议的林木。

(二)《林木林地权属争议处理办法》

《林木林地权属争议处理办法》是林权争议调处的直接依据。该办法包括总则、处理依据、处理程序、奖励和惩罚、附则五个部分，其中，处理依据是其核心内容。具体林权争议调处的依据可以分为"依据"和"参看依据"两类。

(1)"依据"，可以作为确定林地、森林、林木权属的直接依据。具体是：县级以上人民政府或者国务院授权国务院林业主管部门依法颁发的林权证，是处理林权争议的依据；尚未取得林权证的，处理林权争议的依据有：一是土地改革时期，人民政府依法颁发的土地证；二是土地改革时期，《土地改革法》规定不发证的林木、林地的土地清册；三是当事人之间依法达成的林权争议处理协议、赠送凭证及附图；四是人民政府作出的林权争议处理决定；五是对同一起林权争议有数次处理协议或者决定的，以上一级人民政府作出的最终决定或者所在地人民政府作出的最后一次决定为依据；六是人民法院作出的裁定、判决。

（2）"参考依据"，只具有参考价值，不能单独作为确权的依据，而要综合考虑其他因素来确定权属，解决争议。处理林权争议的参考依据有：一是国有林业事业企业单位设立时，该单位的总体设计书所确定的经营管理范围及附图；二是土地改革、合作化时期有关林木、林地权属的其他凭证；三是能够准确反映林木、林地经营管理状况的有关凭证；四是依照法律、法规和有关政策规定，能够确定林木、林地权属的其他凭证。

（三）有关法律规定

（1）《物权法》规定，农民集体所有和国家所有由农民集体使用的林地，依法实行土地承包经营制度。林地承包经营权人依法对其承包经营的林地等享有占有、使用和收益的权利，有权从事林业生产。

（2）《物权法》规定，林地承包经营权人依照农村土地承包法的规定，有权将林地承包经营权采取转包、互换、转让等方式流转。林地承包经营权人将林地承包经营权互换、转让，当事人要求登记的，应当向县级以上地方人民政府申请林地承包经营权变更登记；未经登记，不得对抗善意第三人。

（3）《物权法》规定，征收集体所有的土地，应当依法足额支付土地补偿费、安置补助费、地上附着物和青苗的补偿费等费用，安排被征地农民的社会保障费用，保障被征地农民的生活，维护被征地农民的合法权益。

（4）《物权法》规定，通过招标、拍卖、公开协商等方式承包荒地等农村土地，依照农村土地承包法等法律和国务院的有关规定，其土地承包经营权可以转让、入股、抵押或者以其他方式流转。

（5）《农村土地承包法》规定，发包方将农村土地发包给本集体经济组织以外的单位或者个人承包，应当事先经本集体经济组织成员的村民会议三分之二以上成员或者三分之二以上村民代表的同意，并报乡（镇）人民政府批准。

（6）《农村土地承包法》规定，承包合同自成立之日起生效。承包方自承包合同生效时取得土地承包经营权。县级以上地方人民政府应当向承包方颁发土地承包经营权证或者林权证等证书，并登记造册，确认土地承包经营权。颁发土地承包经营权证或者林权证等证书，除按规定收取证书工本费外，不得收取其他费用。承包合同生效后，发包方不得因承办人或者负责人的变动而变更或者解除，也不得因集体经济组织的分立或者合并而变更或者解除。国家机关及其工作人员不得利用职权干涉农村土地承包或者变更、解除承包合同。

（7）《农村土地承包法》规定，土地承包经营权流转的转包费、租金、转让费等，应当由当事人双方协商确定。流转的收益归承包方所有，任何组织和个人不得擅自截留、扣缴。土地承包经营权采取转包、出租、互换、转让或者其他方式流转，当事人双方应当签订书面合同。采取转让方式流转的，应当经发包方同意；采取转包、出租、互换或者其他方式流转的，应当报发包方备案。

（8）《农村土地承包法》规定，通过招标、拍卖、公开协商等方式承包农村土地，经依法登记取得土地承包经营权证或者林权证等证书的，其土地承包经营权可以依法采取转让、出租、入股、抵押或者其他方式流转。土地承包经营权通过招标、拍卖、公开协商等方式取得的，该承包人死亡，其应得的承包收益，依照继承法的规定继承；在承包期内，其继承人可以继续承包。

（9）《土地管理法》规定，土地所有权和使用权争议，由当事人协商解决；协商不成的，由人民政府处理。

（10）《土地管理法》规定，有下列情形之一的，农村集体经济组织报经原批准用地的人民政府批准，可以收回土地使用权：为乡（镇）村公共设施和公益事业建设，需要使用土地的；不按照批准的用途使用土地的；因撤销、迁移等原因而停止使用土地的。同时，出于乡（镇）村公共设施和公益事业建设需要，收回农民集体所有的土地的，对土地使用权人应当给予适当补偿。

五、林权争议调处程序

林权争议发生后，当事人应当主动、互谅、互让地协商解决。经协商依法达成协议的，当事人应当在协议书及附图上签字或者盖章，并报所在地林权争议处理机构备案；经协商不能达成协议的，向林权争议处理机构申请处理。林权争议由当事人共同的林权争议处理机构负责办理具体处理工作。林权争议调处主要有申请、受理、调解、裁决。对裁决不服的，可以依法提起行政复议或行政诉讼。

（一）申　请

申请处理林权争议的，申请人应当向林权争议处理机构提交《林木林地权属争议处理申请书》。《林木林地权属争议处理申请书》由省、自治区、直辖市人民政府林权争议处理机构统一印制。《林木林地权属争议处理申请书》应当包括以下内容：

（1）当事人的姓名、地址及其法定代表人的姓名、职务。

（2）争议的现状，包括争议面积、林木蓄积，争议地所在的行政区域位置、四至和附图。

（3）争议的事由，包括发生争议的时间、原因。

（4）当事人的协商意见。

（二）受　理

林权争议处理机构在接到《林木林地权属争议处理申请书》后，应首先审查是否属于山林权争议和是否符合人民政府处理的条件，决定是否接受申请，并通知当事人。

如果不属于林权争议或不符合人民政府处理条件的，则通知当事人按有关规定办理。如果属于林权争议且符合人民政府处理条件的，则由人民政府作出受理决定，即接受当事人请求，组织处理，并通知双方当事人负有举证责任，提出林权归属的有关证明材料等。

（三）调查、勘察和收集证据

人民政府作出受理决定以后，应及时组织人员到有争议的地方进行调查研究，勘察现场，了解林权争议产生的原因、经过、历史和现状等问题，收集有关证据材料。当事人也应对自己的主张提供证据。当事人不能出具证据的，不影响林权争议处理机构依据有关证据认定争议事实。

（四）调　解

林权争议处理机构通过调查、研究，在掌握有关证据的基础上，应根据法律的有关规定，组织当事人进行调解。调解工作要严格按法律政策规定进行，贯彻自愿原则，不能压制当事人，也不能包办代替。要摆事实，讲道理，宣传党的林业政策和国家法律规定，促使当事人自愿和解，签订协议。调解工作可以反复进行多次，当事人在林权争议处理机构的调解下自愿签名协议，争议即通过调解解决。

林权争议经林权争议处理机构调解达成协议的，当事人应当在协议书上签名或者盖章，并由调解人员署名，加盖林权争议处理机构印章，报同级人民政府或者林业主管部门备案。当事人之间达成的林权争议处理协议，自当事人签字之日起生效。

（五）裁　决

林权争议经林权争议处理机构调解未达成协议的，林权争议处理机构应当制作处理意见书，报同级人民政府作出决定。处理意见书应当写明下列内容：当事人的姓名、地址及其法定代表人的姓名、职务；争议的事由、各方的主张及出具的证据；林权争议处理机构认定的事实、理由和适用的法律、法规及政策规定以及处理意见。人民政府依据法律规定作出处理决定，制作决定书，分送有关的当事人。人民政府作出的林权争议处理决定，自送达之日起生效。

当事人之间达成的林权争议处理协议或者人民政府作出的林权争议处理决定，凡涉及国有林业企业、事业单位经营范围变更的，应当事先征得原批准机关同意。

（六）行政复议

根据《行政复议法》第6条第4项的规定，对行政机关作出的关于确认森林、林地的所有权或者使用权的决定不服的，当事人可以自知道该具体行政行为之日起六十日内依法申请行政复议。

根据《行政复议法》第23条的规定，行政复议机关负责法制工作的机构应当自行政复议申请受理之日起7日内，将行政复议申请书副本或者行政复议申请笔录复印件发送被申请人（即对林权争议作出处理的人民政府）。被申请人应当自收到申请书副本或者申请笔录复印件之日起10日内，提出书面答复，并提交当初作出具体行政行为（即对林权争议作出处理决定的行为）的证据、依据和其他有关材料。对不符合规定的行政复议申请，决定不予受理，并书面告知申请人。

根据《行政复议法》第 19 条的规定，当事人不服人民政府对林地、森林的所有权或者使用权作出的处理决定，提起行政复议的，行政复议机关决定不予受理或者受理后超过行政复议期限不作答复的，当事人可以自收到不予受理决定书之日起或者行政复议期满之日起 15 日内，依法向人民法院提起行政诉讼。

上级人民政府对当事人提出的行政复议申请，应当依法进行审查，原来的处理决定正确的，应当予以维持。原来的处理决定确有错误的，应依法予以重新处理。

根据《行政复议法》第 33 条的规定，行政复议的申请人在行政复议决定送达后，逾期不起诉又不履行行政复议决定的，或者不履行最终裁决的行政复议决定的，按照下列规定分别处理：①行政复议决定维持人民政府对林权争议作出的处理决定的，由作出处理决定的行政机关依法强制执行，或者申请人民法院强制执行；②行政复议决定变更人民政府对林权争议作出的处理决定的，由行政复议机关依法强制执行，或者申请人民法院强制执行。

（七）行政诉讼

行政诉讼程序由林权争议当事人提起诉讼而启动。林权争议当事人提起行政诉讼的情形有以下两种。

（1）当事人一方或者双方不服行政复议机关对林地、林木的所有权或者使用权作出的复议决定，向人民法院提起行政诉讼。即当事人先申请行政复议后再提起行政诉讼。但是根据《行政复议法》第 30 条第 2 款的规定，省级人民政府根据国务院或者省级人民政府对行政区划的勘定、调整或者征收土地的决定对森林、林地的所有权或者使用权所作出的行政复议决定，是终局决定，不能提起行政诉讼。

（2）当事人一方或者双方不服人民政府对林地、林木的所有权或者使用权的处理决定，直接就人民政府的处理决定而向人民法院提起行政诉讼。这里需要说明，《行政复议法》第 30 条第 1 款规定，人民政府对森林、林地的所有权或者使用权作出的处理决定，当事人不服的，应当先申请行政复议，对行政复议决定不服，可以依法向人民法院提起行政诉讼。《森林法》第 17 条规定，单位之间发生的林木、林地所有权和使用权争议，由县级以上人民政府依法处理。个人之间、个人与单位之间发生的林木所有权和林地使用权争议，由当地县级或者乡级人民政府依法处理。当事人对人民政府的处理决定不服的，可以在接到通知之日起一个月内，向人民法院起诉。对于以上两个法律的不同规定，最高人民法院作出了《关于适用＜行政复议法＞第 30 条第 1 款有关问题的批复》（法释［2003］5 号）：“根据《行政复议法》第 30 条第 1 款的规定，公民、法人或者其他组织认为行政机关确认土地、矿藏、水流、森林、山岭、草原、荒地、滩涂、海域等自然资源的所有权或者使用权的具体行政行为，侵犯其已经依法取得的自然资源所有权或者使用权的，经行政复议后，才可以向人民法院提起行政诉讼，但法律另有规定的除外。”从上述规定来看，应当理解为：当事人不服人民政府对林地、林木所有权或使用权的处理决定，既可以依法向上级行政机关申请行政复议，也可以直接向人民法院提起行政诉讼。

当事人在规定时间内提起行政诉讼的，人民法院对这类案件的受理和审理，应当适用《行政诉讼法》的规定。

（八）结案归档

对无论调解还是裁决等方式解决的林权争议，人民政府林权争议处理机构都应当将有关资料立卷归档存查，并按照《森林法》的规定，由人民政府登记造册，核发林权证书确认权属。

六、林权争议调处中证据的收集与运用

（一）林权调查

林权调查对于明确林权争议的性质，了解林权争议产生的原因，确定林权争议调处的思路有着重要的意义。

林权调查要全面，既要调查现有情况，也要了解历史情况，要对林权变动的历史过程有完整的了解。林权调查的方式主要有：现场勘察、调阅档案、走访、询问等，这些方式即可单独使用，也可以结合使用。

林权调查过程中获取的有关证据应当及时收集、固定和保存。

（二）证据确认的规则

《民事诉讼法》第 63 条和《行政诉讼法》第 31 条规定的诉讼证据形式，都是七种，即书证、物证、视听资料、证人证言、当事人陈述、鉴定结论和勘验笔录。这些证据形式，当然也适用于林权争议调处。参照《最高人民法院关于民事诉讼证据的若干规定》（法释［2001］33 号）和《最高人民法院关于行政诉讼证据若干问题的规定》（法释［2002］21 号），林权争议调处中证据的确认应遵循以下规则。

1. 书　证

当事人向林权争议调处机构提供书证的，应当提供书证的原件。原件、正本和副本均属于书证的原件。提供原件确有困难的，可以提供与原件核对无异的复制件、照片、节录本。提供由有关部门保管的书证原件的复印件、影印件或者抄录件的，应当注明出处，经该部门核对无异后加盖其印章。提供报表、图纸、会计账册、专业技术资料、科技文献等书证的，应当附有说明材料。法律、法规、司法解释和规章对书证的制作形式另有规定的，从其规定。

2. 物　证

当事人向林权争议调处机构提供物证的，应当提供原物。提供原物确有困难的，可以提供与原物核对无误的复制件或者证明该物证的照片、录像等其他证据。原物为数量较多的种类物的，提供其中的一部分。

3. 视听资料

当事人向林权争议调处机构提供计算机数据或者录音、录像等视听资料的，应当

提供有关资料的原始载体。提供原始载体确有困难的，可以提供复制件。要注明制作方法、制作时间、制作人和证明对象等。声音资料应当附有该声音内容的文字记录。

4. 证人证言

当事人向林权争议调处机构提供证人证言的，应当写明证人的姓名、年龄、性别、职业、住址等基本情况。证人证言要有证人的签名。不能签名的，应当以盖章等方式证明。还应当注明出具日期，附有居民身份证复印件等证明证人身份的文件。

5. 当事人陈述

林权争议当事人对于案件的事实、证据的判断、法律的适用以及对方当事人主张的事实和理由，有权表示同意或者提出反驳。如果当事人的陈述和其他证据没有矛盾，并且双方当事人的陈述也不存在矛盾的，林权争议调处机构应当承认其证明效力。但是，林权争议调处机构不能认为当事人是最了解案情的人，就轻信他们所说的一切，而应当把当事人的陈述和所掌握的其他证据，比如，书证、物证、证人证言等结合起来，进行综合分析判断，审查其是否符合案件的真实情况。只有与案件事实有关，并且符合真实情况的陈述，才能作为认定案件事实的依据。当事人拒绝陈述的，不影响林权争议调处机构对案件的判断。

6. 鉴定结论

对需要鉴定的事项负有举证责任的当事人，在林权争议调处机构指定的期限内无正当理由不提出鉴定申请或者不预交鉴定费用或者拒不提供相关材料，致使对案件争议的事实无法通过鉴定结论予以认定的，应当对该事实承担举证不能的法律后果。当事人申请鉴定经林权争议调处机构同意后，由双方当事人协商确定有鉴定资格的鉴定机构、鉴定人员，协商不成的，由林权争议调处机构指定。

7. 勘验笔录

林权争议调处机构可以依当事人申请或者依职权勘验现场。勘验现场时，勘验人必须依法出示相关证件，并邀请当地基层组织或者当事人所在单位派人参加。当事人应当到场，拒不到场的，不影响勘验的进行，但应当在勘验笔录中说明情况。

现场勘验人员应当制作勘验笔录，记载勘验的时间、地点、勘验人、在场人、勘验的经过和结果，由勘验人、当事人、在场人签名。勘验现场时绘制的现场图，应当注明绘制的时间、方位、绘制人姓名和身份等内容。当事人对勘验结论有异议的，可以在举证期限内申请重新勘验，是否准许由林权争议调处机构决定。

（三）证据的审核认定

林权争议调处人员应当依照法定程序，全面、客观地审核证据，依据法律的规定，遵循职业道德，运用逻辑推理和日常生活经验，对证据有无证明力和证明力大小独立进行判断，并公开判断的理由和结果。

林权争议调处人员对单一证据的审核认定，要审核其是否原件、原物，复印件、复制品与原件、原物是否相符；证据与本案事实是否相关；证据的形式、来源是否符合法律规定；证据的内容是否真实；证人或者提供证据的人与当事人有无利害关系。

　　林权争议调处人员对案件的全部证据，应当从各证据与案件事实的关联程度、各证据之间的联系等方面进行综合审查判断。在调处中，当事人为达成调解协议或者和解的目的作出妥协所涉及的对案件事实的认可，不得在其后的调处中作为对其不利的证据。

　　在证据的审核认定中应当注意，以侵害他人合法权益或者违反法律禁止性规定的方法取得的证据，是不能作为认定案件事实的依据的。另外，下列证据不能单独作为认定案件事实的依据：未成年人所作的与其年龄和智力状况不相当的证言；与一方当事人或者其代理人有利害关系的证人出具的证言；存有疑点的视听资料；无法与原件、原物核对的复印件、复制品；无正当理由未出庭作证的证人证言。

　　双方当事人对同一事实分别举出相反的证据，但都没有足够的依据否定对方证据的，林权争议调处机构应当结合案件情况，判断一方提供证据的证明力是否明显大于另一方提供证据的证明力，并对证明力较大的证据予以确认。因证据的证明力无法判断导致争议事实难以认定的，林权争议调处机构应当依据举证责任分配的规则作出裁判。

　　当事人委托代理人参加调处的，代理人的承认视为当事人的承认，但未经特别授权的代理人对事实的承认直接导致承认对方请求的除外。当事人在场但对其代理人的承认不作否认表示的，视为当事人的承认。

　　争议调处过程中，当事人在申请书、答辩书、陈述及其委托代理人的代理词中承认的对己不利的事实和认可的证据，林权争议调处机构应当予以确认，但当事人反悔并有相反证据足以推翻的除外。林权争议调处过程中，一方当事人对另一方当事人陈述的案件事实明确表示承认的，另一方当事人无需举证。

　　对一方当事人陈述的事实，另一方当事人既未表示承认也未否认，经林权争议调处人员充分说明并讯问后，其仍不明确表示肯定或者否定的，视为对该项事实的承认。

　　有证据证明一方当事人持有证据无正当理由拒不提供，如果对方当事人主张该证据的内容不利于证据持有人，可以推定该主张成立。

　　当事人对自己的主张，只有本人陈述而不能提出其他相关证据的，其主张不予支持。但对方当事人认可的除外。

　　林权争议调处机构就数个证据对同一事实的证明力，可以依照下列原则认定：国家机关、社会团体依职权制作的公文书证的证明力一般大于其他书证；物证、档案、鉴定结论、勘验笔录或者经过公证、登记的书证，其证明力一般大于其他书证、视听资料和证人证言；原始证据的证明力一般大于传来证据；直接证据的证明力一般大于间接证据；证人提供的对与其有亲属或者其他密切关系的当事人有利的证言，其证明力一般小于其他证人证言。

　　林权争议调处机构认定证人证言，可以通过对证人的智力状况、品德、知识、经验、法律意识和专业技能等的综合分析作出判断。

后 记

当《林权学》书稿交付给中国林业出版社时，我们如释重负。林权既是古老话题，又是个崭新领域，现在专门研究林权的专家和学者很少，论文也很少，林业高等院校也未开设林权课程，而将林权作为一门学科来研究的，在国内据我们所知还是第一次。因此《林权学》一书的出版和发行，在学术上我们认为是有重大价值的，对全面深化我国林权制度改革有重要的推进作用。

2012年秋季，时任国家林业局农村林业改革发展司副司长，现任国家林业局驻云南省森林资源监督专员办事处（中华人民共和国濒危物种进出口管理办公室云南省办事处）党组书记、专员（主任）牵头，与中南林业科技大学教授周训芳、南京林业大学教授张红霄、北京林业大学副教授韦贵红共同组成《林权学》编写小组，在北京林业大学专门召开会议，对《林权学》的著作进行了深入研究，达成了共识，形成了著作提纲，对写作进行了具体分工，以共同完成编著工作。在写作之初，我们向国家林业局赵树丛局长进行了汇报，赵局长在汇报信中作了非常重要的批示："这件事非常有意义，应予支持。"在整个过程中，我国著名经济学家厉以宁先生非常关心我们晚辈，对林权学的研究给予了具体指导，希望我们在国有林权、民有林权等方面要多研究，并且在百忙中亲自为《林权学》撰写了序。所有这些是对我们工作充分的肯定、莫大的鞭策与鼓励。

在写作过程中，广西林业厅彭斌处长、江西省林业厅秦军处长、国家林业局李林在为我们提供保障、查找资料等方面给予了大力的支持。南京林业大学朱小静老师、谷雪萍同学、北京林业大学研究生王敬敬、黄雅惠帮助收集资料、撰写部分初稿、校对书稿。中国林业出版社徐小英编审对本书的修改提出了建议。在此一并表示衷心的感谢！

《林权学》对林权的基本理论、原则和方法进行了研究，比较系统地阐述了有关林权的各方面知识，具有较强的针对性和应用性。由于林权制度改革实践在不断深化，尤其是随着国有林权制度改革的开展，将会出现许多新情况、新问题，加上对林权理论与实践研究方面的相关学术文献较少，作者的时间和水平有限，错误之处在所难免，敬请批评指正。

作 者

2015年4月10日